# 労使トラブルを根本解決

## したいと思ったら読む本

労働基準監督署の
是正勧告・調査を乗り越える

特定社会保険労務士
中野和信 著

セルバ出版

まえがき

「突然、労働基準監督署から調査通知が届いたけど、何をどうすればいいのかわからない」
「従業員から未払残業代の請求があり、対応に困っている」
「パワハラの相談が寄せられたが、どう対処すればよいのか迷っている」

これまで私が 1000 社以上の経営者や人事担当者から相談を受けた際によく耳にした声の一部です。もしかすると、あなたも似たような悩みを抱え、本書を手に取ったのではないでしょうか?

近年、働き方改革やパワハラ防止法などにより、職場環境を取り巻くルールが大きく変化しました。年次有給休暇の取得義務化や非正規社員の待遇改善が進む一方で、現場では「人手不足で負担が集中する」「正社員の立場が軽視されている」といった新たな課題も生まれています。加えて、制度改革が進む中で、パワハラや職場トラブルといった人間関係の問題が顕在化し、悩む方も少なくありません。

こうした状況に直面したとき、多くの方は「とりあえず何とかしよう」と場当たり的な対応を取ってしまいがちです。しかし、その場しのぎでは問題は解決せず、むしろ同じトラブルが繰り返されることが少なくありません。本当に重要なのは、「問題の根本原因」に目を向けることです。

たとえば、ある職場で発生したパワハラ問題では、パワハラ行為そのものを注意や懲戒処分で終わらせるだけでは不十分でした。その背景にあった「怒りをコントロールできない」という課題に取り組み研修や支援を実施した結果、ようやく問題が収束したケースがあります。

この考え方は、私自身の経験にも通じるものがあります。

20代の頃、お笑い芸人を目指して挫折した私は、孤独感や思い通りにならない現実に押しつぶされそうになり、ギャンブル依存に陥りました。ただ「ギャンブルをやめる」だけでは解決せず、自分の「生きづらさ」という根本的な問題に向き合うことで、ようやく人生を変えることができたのです。

それ以来、20年以上ギャンブルを断ち続け、同じ依存症で悩む仲間たちの支援活動も続けています。

本書では、私のこれまでの経験や事例をもとに、労働基準監督署対応の具体策やトラブルの再発防止のポイント、さらには職場を「成長の場」に変えるための考え方と実践方法をお伝えします。

また、日々の仕事の中で役立つ「視点を切り替えるコツ」や「新しい気づき」を得るためのヒントも盛り込んでいます。

本書が、あなたの職場の悩みを軽くし、より明るく前向きな環境づくりのお役に立てることを心から願っています。

さあ、一緒に、職場をよりよくするための第一歩を踏み出しましょう！

2025年2月

中野　和信

**労使トラブルを根本解決したいと思ったら読む本**
**労働基準監督署の是正勧告・調査を乗り越える　目次**

## 第1章　労使トラブルは、なぜ起こるのか？　根本原因とは

1　労使トラブルの根本原因とは・10

2　自分の給与がどうやって決められているのか、わからない・14

3　職場のルールが曖昧になっている・16

4　役割が明確になっていない・19

5　公正な評価がされていない・22

6　会社の対応が遅い・24

7　就業規則への理解不足・26

8　経営者と従業員との価値観のズレ・29

9　経営方針の不透明さ・32

10　コミュニケーション不足による誤解・34

## 第2章　労働基準監督署の調査・是正勧告に関する実務対応

1　労働基準監督署とは・38

2　労基署の調査とは・40

3　労基署調査の流れ・41

4　是正勧告書と指導票の違い・43

5　是正を進めるためのステップ・44

6　絶対にやってはいけないNG対応・47

7　労基署が重点的に見るポイント・49

8　調査・是正後の再発防止策の構築・51

9　調査・是正後の従業員への対応・53

10　労基署対応をきっかけに職場改善を進める・55

## 第3章　労使の両方の視点に立った
### 　　　労使トラブル円満解決テクニックその①
1　労働時間管理に対する対応・58

2　労働契約内容に対する対応・60

3　未払残業に対する対応・63

4　名ばかり管理職の対応・65

5　休職に対する対応・67

6　年次有給休暇に関する対応・70

7　賃金減額に対する対応・73

8　解雇に対する対応・75

9　雇い止めや契約更新に対する対応・78

10　転勤に関する対応・81

## 第4章　労使の両方の視点に立った
### 　　　労使トラブル円満解決テクニックその②
1　パワハラに対する対応・86

2　セクハラに対する対応・90

3　横領に対する対応・93

4　依存症に対する対応・95

5　問題社員に対する対応・99

6　カスハラに対する対応・102

7　メンタル不調者への対応・105

8　SNSや情報漏洩に関する対応・108

9　外国人労働者に対する対応・111

10　内部告発への対応・114

## 第5章　労使トラブルの再発防止策

1　労使トラブルの本質に迫る・120

2　意見を言いやすい環境の重要性・121

3　許せない気持ちを感謝に変える・125

4　リーダー育成、社員研修の重要性・127

5　1 on 1 の重要性・130

6　社内勉強会の開催・132

7　成果発表の場を設ける・135

8　職場環境アンケートの実施・138

9　社内ルールや規程の定期的な見直し・140

10　チームビルディングの促進・143

## 第6章　労使トラブル事例

1　未払残業代トラブル事例・148

2　休職と復職トラブル事例・151

3　問題社員トラブル事例・156

4　名ばかり管理職トラブル事例・160

5　パワハラトラブル事例・165

6　セクハラトラブル事例・169

7　横領トラブル事例・172

8　依存症トラブル事例・176

9　年次有給休暇トラブル事例・180

10　カスハラトラブル事例・184

## 第7章　労使トラブルを成長のチャンスに変える

1　労使トラブル解決後に潜むリスクを見逃さない・190

2　経営者と従業員の信頼関係を再構築する方法・191

3 自己理解の重要性とその影響・193

4 他人よりも自分を変えるほうが簡単な理由・195

5 職場だけではない労使トラブルの原因・198

6 トラブルをきっかけに企業文化を改善する・201

7 人は変われるを前提とする・203

8 たった1人でも組織は変えられる・205

9 ピンチがチャンスに変わるとき・208

10 「できない」を「できるかも?」へ変化させる・210

# 第1章
## 労使トラブルは、なぜ起こるのか？
### （根本原因とは）

# 1 労使トラブルの根本原因とは

## 労使トラブルの本質と背景

　労使トラブルは、経営者や人事担当者にとって「厄介な問題」として見られることが多いものです。しかし、視点を変えれば、こうしたトラブルは職場や組織が成長するための「きっかけ」でもあります。

　その背景には、労働条件への不満、職場環境の悪化、就業規則の不備、そしてコミュニケーション不足といった、さまざまな要因が複雑に絡み合っています。これらの課題をそのままにしておくと、やがて取り返しのつかない大きなトラブルへと発展するリスクが高まるのです。

　中でも、特に見逃されがちなのが「本音を話せない職場環境」です。小さな不満を抱えながらも、それを言葉にできない状態が続くと、従業員の士気や信頼関係が徐々に崩れ、やがて職場全体のパフォーマンスに悪影響を及ぼします。

　一方で、本音を話せる職場環境が整っていれば、小さな問題のうちに共有し、早期に解決することが可能です。これにより、大きなトラブルへの発展を防ぐことができるのです。

　さて、あなたの職場ではどうでしょうか？

　本音を自由に話し合える雰囲気があると感じていますか？　それとも、意見を言うのをためらってしまうような雰囲気や、問題を後回しにする風潮があると感じることはありませんか？

　本音を話せる環境をつくることは、トラブルを未然に防ぎ、組織全体を成長させるための第一歩です。職場の雰囲気を振り返り、どのように改善するとよいのかを一緒に考えてみましょう。

第1章　労使トラブルは、なぜ起こるのか？　根本原因とは

**本音を話せない職場が生むリスク**

「仕事をする以上、本音は我慢して当然」という考え方が根強い職場は少なくありません。しかし、本音を言えずに抑え続けた結果、深刻な問題に発展するケースがあります。

ある中小企業では、業績向上へのプレッシャーから、上司が部下に対して厳しい叱責や人格を否定するような発言を繰り返していました。従業員たちは「ミスをすれば怒られるのが怖い」「反論すれば、今以上にパワハラのターゲットにされるかもしれない」と感じ、誰にも相談できない状況に追い込まれていました。

職場の空気は冷え切り、従業員同士もそれぞれの立場を守ることで精一杯。互いに支え合うどころか、自分を守るために周囲を信用しない風潮が広がっていました。

さらに、上司への不満を経営者に相談しようとしても、「告げ口した」と思われ、自分が悪者になるのではないかという恐れが従業員たちを縛り付けていました。その結果、問題は長期間にわたり放置されることになったのです。

　事態が表面化したのは、一部の従業員がリスクを覚悟の上で経営者に相談したことがきっかけでした。その後のパワハラ調査により、「ハラスメントが常態化していた職場環境」「上司による不公平な対応」「経営者の問題把握の遅れ」といった、これまで見過ごされていた課題が次々と明るみに出たのです。
　この事例は、「本音を話せない職場環境」が小さな問題を水面下で肥大化させ、やがて組織全体に深刻な悪影響を及ぼす典型的な例といえます。本音を自由に話せる職場環境を整えることが、トラブルの早期解決だけでなく、組織の健全な成長にとってもいかに重要であるかを改めて考えさせられる事例ではないでしょうか。

**本音を引き出す職場環境の重要性**
　私自身、かつてギャンブル依存症に苦しんでいた頃、自分の本音を誰にも話せず、孤独の中で問題をさらに深刻化させてしまいました。「なぜやめられないのか」「どうしたらこの状況を変えられるのか」という自問すら避け、その結果、状況は悪化する一方でした。この経験から、心の中にある本音を安心して話せる環境の重要性を

痛感しました。

　職場にも同じことが言えるのではないでしょうか。

　たとえば、部下がミスを隠してしまう背景には、「正直に話したら怒られるのではないか」「評価が下がるのではないか」といった不安が存在します。その結果、問題が表面化する頃には手遅れになり、組織全体に悪影響を及ぼすことも少なくありません。このような状況を防ぐためには、安心して本音を話せる職場環境をつくることが何より大切です。

**現代の労使トラブルの新たな背景**

　インターネットやSNSの普及により、従業員は法律や他社事例について簡単に情報を得られる時代になりました。他社と自分の待遇を比較し、問題点を指摘するケースが増えており、こうした情報環境の変化が従業員の権利意識を一層高めています。その結果、従業員の企業に対する期待値や要求水準もますます引き上げられています。

　このような状況下では、会社が法律を守らない場合、従業員から是正を求められるのは当然の流れです。「会社のルールだから」といった理由で押し通す時代はもはや過去のものとなりました。現代の職場では、法令遵守が最低限の前提条件として求められています。

**本音を話すことを恐れない**

「従業員が本音を話し始めたら、不満ばかりで職場が混乱するのでは?」と不安を抱く経営者もいるかもしれません。しかし、従業員の本音には、職場の改善に役立つヒントが含まれています。不満や批判を「会社への攻撃」として捉えず、「成長のための意見」として受け入れる姿勢が重要です。

本音を話せる環境を整えることで、短期的なトラブル解消だけでなく、職場の持続的な成長を実現することが可能になります。本音を話すことを恐れない風通しのよい職場では、信頼関係が深まり、従業員1人ひとりが「自分もこの会社の成長に貢献している」と実感するようになります。こうした意識の変化が、企業の未来をより強固なものにするのです。

# 2 自分の給与がどうやって 決められているのか、わからない

**給与の決定基準がわかる職場へ**

「自分の給与がどうやって決められているのか? 教えてほしい」と質問された際、経営者が明確に答えられない場合、従業員は不安や不信感を抱きやすくなります。給与は従業員にとって最も重要な関心事の1つであり、不透明な説明は疑念や不満を生む原因となり、場合によっては職場全体の士気低下につながります。

たとえ丁寧に口頭で説明しても、言葉だけでは客観性や説得力に欠ける場合があります。そのため、給与テーブルや人事評価制度といった具体的な仕組みを整備し、明文化することが必要です。

基準を明確化し、透明性を高めることで、従業員の納得感を引き出し、職場全体の信頼を築く第一歩となります。

**給与や評価制度の透明性の必要性**

　経営者が「この基準に基づいて給与を決定しています」と明確に説明できるよう、給与テーブルや人事評価制度を整備することが重要です。これにより、経営者の誠実さが伝わるとともに、従業員が納得できる環境が生まれます。一方で、評価制度や給与基準があっても、その運用が不透明であれば、制度そのものの信頼性が損なわれます。

　そのため、制度の設計だけでなく、従業員にとってわかりやすく、適切に運用されることが不可欠です。

　こうした取り組みが透明性を高め、職場全体の信頼感を強化する基盤となります。

**不透明な評価制度が招くトラブル**

　評価や給与基準が不透明な場合、従業員は「なぜ自分の評価が低いのか？」「なぜあの人は昇給して自分は昇給しないのか？」といった不満を抱くようになります。この不満はモチベーションを低下させ、職場の雰囲気を悪化させる要因となります。

　さらに、こうした状況が長期化すると、不満が蓄積され、やがて退職者の増加や労使トラブルといった深刻な問題へと発展することもあります。

### 信頼関係の構築

　従業員が納得できる制度を整えることで、職場内の信頼関係が強化されます。「この会社では、自分のことを適切に評価してくれている」と従業員が感じることができれば、モチベーションの向上や離職率の低下、生産性向上につながります。

# 3　職場のルールが曖昧になっている

### 職場ルールの曖昧さが招く問題

　職場のルールが曖昧だと、従業員は自分のやるべきことや許される範囲がわからなくなり、不安や混乱を招きます。

　特に、経営者や管理職が場当たり的な対応をすると、一貫性がなくなり、不公平だと感じる人が出てきます。この不公平感が労使トラブルの原因になることが多いです。

　たとえば、残業に関するルールが曖昧な職場では、ある従業員には「定時で帰っていいよ」と言う一方、他の従業員には「残業してくれ」と指示をすることがあります。

　このような対応が続くと、「なぜ自分だけ残業をさせられるのか」という不満が生まれ、職場全体の信頼関係が崩れてしまいます。

### ルールの曖昧さが及ぼす影響

　曖昧なルールは従業員に不安やストレスを与えるだけでなく、意思決定のスピードを低下させ、仕事の効率や生産性に悪影響を及ぼします。

　たとえば、ある営業部では、「報告の形式や頻度」がマネージャーごとに異なるという問題がありました。Ａマネージャーは「週次で進捗報告を求める」と決めている一方で、Ｂマネージャーは「重要

な案件だけを随時報告してくれればよい」と話していました。この結果、従業員が「どこまでの情報を共有するべきかわからない」と混乱し、案件の進捗が滞るだけでなく、顧客対応の遅れが発生しました。

　さらに、こうした混乱が続くと「自分の努力が正当に評価されていない」と感じる従業員が増え、結果として優秀な人材が退職を検討する事態に陥ります。さらに職場全体の雰囲気が悪化し、チームとしての協力体制も崩れるリスクが高まります。

## ルールを明確化することの利点

　職場ルールを明確にすることで、従業員は自分の役割や行動基準を理解し、不安やストレスを軽減できます。その結果、従業員が安心して仕事に集中できる環境が整います。

　たとえば、ある製造業の会社では、始業前の朝礼準備時間15分間が曖昧な状態でした。一部の従業員は「準備時間は労働時間に含まれるべき」と考える一方で、管理職は「始業時間以降が労働時間だ」としており、不満が生じていました。

　この問題を解決するために、会社は次のルールを明確にしました。

⑴　始業は8時。ただし、朝礼準備が必要な場合、7時45分から労働時間として計算する。

⑵　タイムカードで正確な時間管理を行う。

　このルールを就業規則に明記し、従業員全員に説明会で周知した結果、「自分たちの時間が正当に管理されている」と感じる従業員が増加し信頼感が高まり、職場の雰囲気が改善しました。

⑶　ルールを明確化することで管理職の判断がしやすくなり、労働時間の適正な管理によって未払賃金の発生や労働基準法違反のリスクを防ぐことができるようになりました。

**具体的な対策**

⑴　明確なルールの作成

　具体的で客観的なルールを作成し、全従業員が理解できる形で文書化します。たとえば、会社独自の「ルールブック」を作成し、就業規則や業務の流れを簡潔にまとめる方法が効果的です。

⑵　周知徹底のための取り組み

　ルールを策定した後は、従業員全員にその内容をしっかり周知します。具体的には、次のような方法を活用します。

・社内ルールブックの配布

・定期的な説明会の開催

・社内の掲示板やデジタルツールを活用した情報共有

⑶　定期的なルールの見直し

　職場環境や業務内容の変化に応じて、ルールを定期的に見直し、必要に応じて更新します。これにより、ルールが実態に即したものとなり、現場の混乱を防ぐことができます。


**ルールの明確化と長期的な効果**

　「職場に明確なルールがなくても、常識の範囲内で対応できる」と考えがちですが、グローバル化や価値観の多様化が進む現代社会においては、その「常識」は個々の価値観や経験、背景によって大きく異なります。

　そのため、職場ルールの明確化は単なる形式的な作業にとどまらず、従業員満足度の向上、生産性の改善、トラブル防止に直結する重要な取り組みとなります。

　明確なルールを設定することで、業務の効率化が図られるだけでなく、企業全体の成長と安定を支える基盤が強化され、持続的な発展にも大きく貢献します。

# 4 役割が明確になっていない

## 役割の不明確さがもたらす問題

　職場で役割が不明確だと、何が問題になるのでしょうか？　それは、単に「誰が何をするかわからない」という混乱だけではなく、組織全体の機能不全を招く重大な要因となります。

　たとえば、こんな場面を想像してください。

　新しい案件が始まったばかりなのに、誰も担当者として動き出さない。「この仕事は、きっと誰かがやってくれるだろう」という暗黙の期待が、気づけば仕事の停滞を招いてしまうのです。上司が状況を把握したときには、納期が迫っており、全員が慌てて対応に追われる始末に——そんな状況は珍しくありません。

　また、役割が曖昧だと、従業員1人ひとりが「自分は組織にとって重要な存在だ」という実感を持ちにくくなります。結果としてモチベーションが低下し、業務の質が落ちるばかりか、職場全体の雰囲気が悪化する原因にもつながります。

## 役割の不明確さの具体的な例

　職場で役割が不明確だと、実際にどんなことが起きるのでしょうか？

　具体例を見てみましょう。

(1)　「重要な仕事が放置される」

Aさん：「あの案件、Bさんがやるんじゃないの？」

Bさん：「いやいや、Cさんでしょ？」

Cさん：「ちょっと待って、私じゃないよ！」

　結果、大事なタスクが誰にも触れられず、上司から「なぜ進んで

ないんだ！」と怒られる羽目に。

(2) 「責任の押し付け合い」

問題が起きたとき、責任の所在が不明だとこうなります。
「それは私の仕事じゃないです」
「いや、あなたがやるべきでしょ？」

このような責任の押し付け合いは、不信感を生み出す温床となります。

(3) 「複数の指示でパニック」

部下：「課長がAをやれって言ったのに、部長はBをやれって…どうしたらいいんですか？」

課長：「え、部長が？　まあ、適当にやっておいて」

適当で解決できるなら苦労はしません。こうした混乱が続けば、従業員は疲れ果てます。


**役割を明確化するための5つの処方箋**

じゃあどうする？　解決のポイントはシンプルです。

「誰が」「何を」「どうやってやるか」を明確にすることです。

次の5つの取り組みで劇的に改善が期待できます。

(1) 組織図をつくって共有する

「うちは人数少ないし、組織図なんていらないよね？」いえいえ、小規模の職場ほど必要です。ポジションの関係性を視覚化し、全員で共有するだけで、「自分の役割」がぐっとわかりやすくなります。

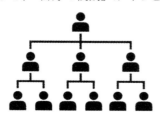

⑵　職務記述書（ジョブディスクリプション）の整備

　各ポジションの仕事内容や必要なスキルを具体的に書き出しておくことです。「私は何をやるのか」が明確になると、迷いが減り、自信を持って行動できます。

⑶　指揮命令系統をはっきりさせる

　「誰に報告し、誰から指示を受けるのか？」このルールが曖昧だと、指示がバラバラになりがちです。きちんと系統を決めておくことで、混乱を防げます。

⑷　業務プロセスを可視化する

　業務の流れをフローチャートなどで図式化することです。この工程では誰が何をするのか」がひと目でわかるようにするだけで、驚くほど効率がアップします。

⑸　定期的なミーティングとフィードバック

　役割が曖昧になる原因の１つが、「業務の進捗や内容を把握していない」ことです。定期的なミーティングで業務の確認をし、必要なら調整しましょう。個別面談で役割の理解度をチェックするのも効果的です。

**・役割を明確にすることが生む職場の奇跡**

　役割を明確にするだけで、職場はスムーズに動き出します。「これ、私の担当です！」と自信を持って言える従業員が増えれば、自然とチーム全体の士気も向上します。さらに、問題が発生した際にも原因や責任の所在がすぐに特定できるため、迅速な対応が可能です。

**・役割明確化の最大の効果は「信頼の醸成」**

　役割を明確にすることの本当の価値は、効率化だけではありません。「この職場はちゃんと考えてくれている」という信頼を築くことこそが、最大の効果なのです。あなたの職場、役割があいまいで迷子になっていませんか？

もしそうなら、今日からできる小さなステップから、組織図の作成やフロー図の共有などから試してみましょう。

# 5　公正な評価がされていない

### 公正な評価がもたらす影響

　「またあの人が昇進？　結局、上司に気に入られた者勝ちだよね」

　こんなセリフ、あなたの職場でも耳にしたことはありませんか？評価は従業員のモチベーションを左右する重要なポイントです。

　しかし、それが「公正でない」と感じられると、不満や不信感が一気に広がり、職場全体の士気が下がる悪循環に陥ります。

　ここでいう公正な評価とは、従業員１人ひとりが努力や成果を正当に認められていると感じられることです。

　しかし、経営者や管理職の立場からすれば、「公正な評価なんて無理！」と思うのも無理はありません。なぜなら、評価は人が行うものであり、完全に客観的で公正な評価など存在しないからです。

　上司の主観や価値観、従業員の個性や置かれた状況など、さまざまな要因が評価に影響を与えます。

　一方で、公正な評価が実現できれば、職場は信頼感に包まれ、従業員のモチベーションが向上します。また、評価を受けた従業員が成長意欲を持つことで、業績アップやチームの結束力向上といったよい循環が生まれます。

　では、どうすればいいのでしょうか？　重要なのは、「完璧を求める」のではなく、「少しでも納得できる評価」を目指すことです。そのためには、評価基準を明確にし、従業員全員に周知することが不可欠です。評価の根拠を具体的に示し、上司の主観だけでなく、データや実績を活用することで納得感が高まります。

## 完璧ではないけれど納得できる評価へ

「全員が完全に満足する評価なんて不可能だ！」その通りです。しかし、「従業員が少しでも納得できる評価」は、ちょっとした工夫で実現可能です。そして、最初は小さな納得感からスタートし、それを積み重ねていくことが重要です。

(1) 評価基準を明確にする

「昇進や昇給の基準って、どうやって決まっているんですか？」この質問に明確に答えられる職場は意外に少ないものです。基準を明文化し、全員と共有することで、従業員は自分の未来をイメージしやすくなります。最初は基準が曖昧でも、少しずつ改良を重ね、透明性を高めていく姿勢を見せることが納得感を育む第一歩です。

(2) プロセスを丁寧に説明する

評価は結果だけではなく、その理由やプロセスを伝えることが大切です。「なぜこの評価になったのか」を具体的に説明することで、不満が軽減され、少しの納得感が得られます。その小さな納得感を積み重ねていくことで、評価に対する信頼が徐々に高まります。

(3) フィードバックで未来を示す

評価の場を、従業員の成長を促す機会に変えることは非常に重要です。まず、従業員のよい点を先に伝えることで、これまでの努力や成果が正当に評価されているという安心感を与えます。その後、「ここをもっと上手くできるといいよね。どうしたらもっとよくなると思う？」という気づきを促すような質問を加えることで、次の目標に向けた意欲を引き出します。

## 公正な評価の本質は「完全」ではなく「信頼」

公正な評価とは、すべての従業員が完全に平等に扱われることではありません。むしろ重要なのは、従業員1人ひとりが「自分の努

力や成果が正当に認められている」と感じられることです。

　最初からすべての従業員を満足させることはできなくても、少しずつ納得感を育てる取り組みを重ねることで、評価への信頼度は着実に高まります。「会社が公正さを目指して努力している姿勢」を感じられるだけでも、従業員の不満は減少し、評価を受け入れる土壌が生まれます。

　この信頼感が従業員のモチベーション向上につながり、最終的には職場全体の労使関係がよりよいものに変わっていくのです。

　評価は難しいテーマですが、小さな納得感を積み重ねていけば、確実に変化が生まれます。まずは今日からできる「小さな一歩」を踏み出してみましょう。

# 6　会社の対応が遅い

## 対応の遅れがもたらす問題

　会社が従業員からの不満や問題に迅速に対応しない場合、それはさらなるトラブルや不信感の増大につながります。対応が遅れることで、従業員は「なぜ会社はすぐに対応してくれないのか」「この会社では問題が放置される」「何度言っても対応してくれない」「会社は従業員のことを考えていない」と感じ、不満が蓄積します。

　これらの言葉は、実際に従業員から寄せられた声です。これにより問題は深刻化し、職場の士気が低下、生産性の低下、離職率の増加、さらには労使トラブルへと発展する可能性があります。

　こうした状況は、企業全体の信頼や経営基盤にも大きな悪影響を及ぼします。特に「会社に何を言っても無駄だ」という諦めムードが広がると改善策を提案する人が減り、組織全体が停滞してしまいます。

24

## 会社の対応が遅い具体例

⑴　苦情や相談への応答が遅い

　従業員がハラスメントの改善を訴えても、管理職や経営者が迅速に対応しない。これにより被害が拡大し、信頼が失われる。

⑵　是正勧告や法的問題への対応が遅い

　労基署からの指導や勧告に対し迅速に対応しないことで、問題が拡大し、罰則や社会的信用の損失を招きます。

⑶　業務改善や制度変更の実行が遅い

　問題点を把握していながら意思決定が遅れ、状況がさらに悪化します。たとえば、長時間労働の改善が遅れることで従業員の健康リスクが高まります。

⑷　トラブルが表面化してからの対応

　事前の予防策を怠り、問題が大きくなってから対処する「後手対応」となり、解決に多大な労力を要します。


## 対応の遅れがもたらす影響

　会社の対応が遅れると、職場全体に深刻な影響が広がります。まず、従業員の不満やストレスが蓄積し、士気が低下します。これにより生産性が落ち、職場全体の雰囲気が悪化します。

　特に、ハラスメントや不正行為のようなデリケートな問題では、初期対応の遅れが原因で被害が拡大し、他の従業員にも悪影響を与えるケースが多く見られます。

　さらに、対応の遅れは優秀な人材の流出を招くリスクを高めます。

　「この会社では従業員を軽視している」と感じた従業員は、会社への期待を失い転職を検討します。

　その結果、育成した人材が他社へ流出し、組織全体の競争力が低下します。

### 迅速な対応の重要性

　対応の遅れは、問題を小さなうちに解決する機会を逃してしまうことを意味します。初期段階で適切に対応していれば、職場環境を守り、従業員の信頼を得ることが可能です。

　一方、対応が遅れれば遅れるほど、解決には、より多くの時間とコストがかかり、問題は複雑化します。

　迅速な対応は、職場環境を良好に保つための「予防策」であると同時に、企業の持続可能な成長を支える「経営戦略の一環」です。対応のスピードが、従業員の満足度を左右し、結果的に企業全体の未来を大きく左右することを忘れてはなりません。

# 7　就業規則への理解不足

### 就業規則の重要性と理解不足が招く問題

　「就業規則なんて見たことがないし、見てもよくわからない」

　このような声が多くの職場で聞かれるのが現状です。しかし、就業規則は企業と従業員が良好な関係を築くための「職場のルールブック」として、極めて重要な役割を果たしています。それにもかかわらず、従業員や経営者がその内容や重要性を十分に理解していないことが多く、これが職場でのトラブルの温床となっています。

　法律では「就業規則の周知義務」が課されていますが、「説明義務」は明記されていません。このため、就業規則が従業員にきちんと伝わっていない職場も少なくありません。また、経営者や管理職が労働法に詳しくない場合、内容を簡潔かつ正確に説明するのが難しいという現実もあります。

　このような状況では、従業員が職場で何をすべきで何をしてはいけないのかを理解できず、職場全体が混乱に陥る可能性があります。

たとえば、サッカーの試合を想像してください。ルールをきちんと説明されていない選手がプレーした場合、反則や混乱が相次ぎ、公平な試合どころではなくなるでしょう。就業規則の理解不足は、まさにこの状況を職場で引き起こしているのです。

## 理解不足がもたらす影響

就業規則への理解不足は、職場全体に次のような悪影響を及ぼします。

(1) ルールが曖昧な場合のトラブル発生

就業時間や休暇取得のルールが不明確だと、不適切な行動や規則違反が発生し、従業員と管理職の間に摩擦が生じます。

(2) 給与や評価への不満

給与や昇進に関する規定が十分に理解されていないと、従業員は「評価が不透明」「公平でない」と感じ、不満が増大します。これにより、モチベーションが低下し、職場への信頼が損なわれる可能性があります。

(3) 職場の信頼関係の崩壊

就業規則が従業員に浸透していない職場では、不明確なルールが不信感や混乱を生むため、職場全体の信頼関係が揺らぎます。

## トラブルの発生と企業リスク

経営者は、就業規則などの労務管理の重要性を理解し、労使関係の改善に努める必要があります。労使トラブルは経営を圧迫し、時には深刻な危機を招くこともあります。特に、SNS の急速な情報拡散により労働問題が表面化すると、企業の評判や信頼が損なわれ、顧客離れや取引先の信用低下を招くリスクがあります。問題が顕在化する前に管理体制を強化し、未然に防ぐ姿勢が重要です。

**就業規則の理解を深める方法**

　では、どうすれば就業規則の理解を深めることができるのでしょうか？　次にいくつかの具体的な方法を紹介します。

(1)　わかりやすい就業規則の整備

　複雑な内容をシンプルで明確にし、職場の実態に即した規則を作成します。

(2)　徹底した周知と教育

　就業規則の内容を単に周知するだけでなく、説明会や研修を通じて全従業員に理解を促します。

(3)　確認しやすい仕組みの導入

　紙媒体や電子データを活用し、従業員がいつでも規則を確認できる環境を整備します。

(4)　疑問や質問を受け付ける仕組み

　「就業規則ってなんか質問しにくい…」という雰囲気がある職場も少なくありません。そのため、気軽に質問できるように説明会や勉強会を開催します。専門家を活用すれば、的確な説明やその場での疑問の解消が可能です。また、匿名で質問できるオンラインフォームの導入も効果的です。

**就業規則の効果**

　就業規則は、職場の運営を円滑化し、トラブルを予防するとともに、従業員と経営者の信頼関係を築くための重要なツールです。ま

た、法的リスクの軽減や業務効率の向上、職場環境の改善など、多くのメリットを提供します。これらの効果を最大限に活かすためには、就業規則の作成・周知・説明・運用を徹底することが不可欠です。

　これからの時代、就業規則を単なる「ルールブック」としてではなく、職場全体を支える「信頼の土台」として捉えることが不可欠です。従業員がその意義を理解し、日々の行動に活かせる状態にすることで、職場のトラブルを未然に防ぎ、よりよい環境を築くことができるのです。

# 8　経営者と従業員との価値観とのズレ

### 価値観のズレが引き起こす問題

　経営者と従業員の価値観が一致しないと、企業の方向性や日々の業務で摩擦や誤解が生じます。このズレは、職場の雰囲気を悪化させ、不満や不信感を招き、最終的には労使トラブルや離職の原因になることがあります。

　特に厄介なのは、経営者も従業員も「自分たちは相手のためによいことをしている」と信じている場合です。

　たとえば、経営者は「業績を上げることが従業員の利益になる」と考え厳しい目標を課します。一方、従業員は「生活を犠牲にして会社に尽くしている」と感じているとします。

　このように、どちらも善意で行動しているにもかかわらず、意図が共有されないためにすれ違いが生じ、誤解が深まります。

　このすれ違いは、まるで同じ話題を話しているつもりが、実際には別々の言語で話しているようなものです。経営者は「会社の成長が従業員の幸せにつながる」と信じ、従業員は「働きやすい環境が必要」と考えています。どちらも間違いではありませんが、意見が

共有されない限り、相互理解は得られません。

　さらに、双方が「相手がわかってくれるだろう」と思い込むことで、問題の表面化が遅れ、小さな誤解が積み重なり、状況が悪化することがあります。

　たとえば、従業員は「経営者が厳しいのは努力を認めていないからだ」と感じ、経営者は「不満の声が上がらないのは納得している証拠だ」と受け取るケースです。このギャップが信頼関係を損ない、トラブルの温床となります。

　本質的な問題は、どちらも悪意を持って行動しているわけではない点にあります。それにもかかわらず、相手の考えや背景に目を向けず行動することで、結果的に相手を傷つけてしまう——これが価値観のズレが引き起こす最大の問題なのです。

## 価値観のズレが具体的に現れる場面

① 　働き方に対する考え方の違い

　経営者は「納期に間に合わない場合には残業は当たり前」と考える一方、従業員は「残業はしたくない。プライベートも大事にしたい」と考えている。

② 　評価基準の違い

　経営者は「売上や成果を最優先」と考え、従業員は「過程や努力も評価してほしい」と期待している。

③ 　コミュニケーションに対する認識の違い

　経営者は「問題があれば従業員から提言してほしい」と思っているが、従業員は「経営者から情報発信してほしい」と求めている。

④ 　変化への対応

　経営者が「現状維持よりも変革が必要」と考えても、従業員は「今のままがいい」と保守的な立場をとる場合、変化に対する抵抗を行

う。

## 価値観のズレがもたらす影響

　価値観のズレは、職場の意思疎通や協力を妨げ、チームワークの崩壊や不満の蓄積、モチベーションの低下を招きます。

　不信感が広がるとコミュニケーションが滞り、業務の遅延やミスが増え、深刻な場合にはハラスメントや労使トラブルに発展する可能性があります。

　また、組織全体の方向性が不明確になり、意思決定の遅れや企業の成長と競争力の低下を招くなど、職場全体に悪影響を及ぼします。価値観のズレを放置すると、職場の信頼関係や効率性が失われ、企業の健全な運営が難しくなります。

## 価値観のズレを埋める方法

　価値観のズレを解消するためには、次のような取り組みが有効です。

① 　共通のビジョンを共有する

　経営者と従業員が同じ目標に向かって進むために、共通のビジョンや目的を明確に伝え、全員が共有することが大切です。

② 　継続的なコミュニケーションの場を設ける

　定期的な対話の場をつくり、双方が本音で意見交換できる環境を整えましょう。

③ 　相手の立場を尊重する

　立場が異なると、相手の視点で物事をとらえるのは難しいかもしれませんが、経営者は従業員の生活や気持ちを理解し、働きやすい職場づくりを心がけ、従業員も経営者の苦労や判断の背景を理解しようと努めることで相互理解が深まります。

**価値観のズレが解消される効果**

　価値観のズレを解消することで、職場の雰囲気がよくなり、トラブルのリスクが低減するだけでなく、企業の成長や安定した運営が可能になります。経営者と従業員が互いに理解し合い、信頼関係を築くことが、持続可能な企業運営の鍵となります。

　この取り組みは、長期的な視点で見れば、企業全体の競争力を飛躍的に向上させる力を持っています。

# 9　経営方針の不透明さ

**経営方針の不透明性が引き起こす問題**

　「結局、この会社はどこを目指しているんだろう？」

　経営方針が従業員に十分に伝わらない職場では、こんな疑問が生まれるのも当然です。目標や方向性が不明確だと、従業員は自分の役割を見失い、モチベーションを低下させます。この不透明性は、不信感を生み出し、職場内の一体感を損なう大きな原因となります。

　特に市場環境や社会情勢が急速に変化する現代では、経営方針が試行錯誤の中で定まらず、経営者自身が迷走するケースも少なくありません。結果として、従業員は「自分たちの努力がどこに向かっているのかわからない」と感じ、不安を抱くようになります。

　経営方針が曖昧な職場は、まるで霧の中を進むようなもの。どれだけ頑張っても進んでいる実感が得られず、従業員はやる気を失います。この状態が続くと、労使間のトラブルや優秀な人材の離職を引き起こすリスクが高まります。

　企業が混乱しているときこそ、経営者は明確なビジョンを示し、従業員に安心感を与える必要があります。それがなければ、企業の成長どころか存続さえ危うくなる可能性があるのです。

## 経営方針の不透明性が現れる場面

経営方針の不透明性は、意外なところで従業員の足を引っ張ります。次のような場面で、その影響が顕著に現れます。

① 意思決定プロセスの不明確さ

経営者がどのように判断しているのかわからないと、従業員は「次に何が起こるのか」と不安を抱きます。さらに、自分の意見が反映されないと感じることで、意欲を失い、職場全体の活気が低下します。

② 目標やビジョンの未共有

経営者が掲げる目標や方向性が従業員に伝わらないと、「自分の仕事が会社のどこに役立っているのかわからない」と感じます。その結果、モチベーションが下がり、業務への取り組みが消極的になります。

③ 突然の方針変更

何の説明もなく経営方針が変わると、「今までの努力は何だったのか」と不満が広がります。この混乱は、職場の信頼関係を壊し、チームの士気を低下させます。

## 経営方針の効果

経営方針を明確にし、従業員と共有することは、職場に一体感をもたらし、組織全体のパフォーマンスを向上させ、持続的な成長を実現するための重要な手段です。従業員が会社の目標と自身の役割を理解することで、仕事に対する意欲が高まり、効率的に業務に取り組む姿勢が生まれます。

また、経営方針の共有は信頼関係を深め、不安や不満を軽減することで、労使トラブルの予防にも寄与します。

さらに、明確な経営方針は職場を「ただ仕事をする場」から「共

通の目標に向かって進むチーム」へと変化させ、企業文化を形成する原動力となります。最終的に、経営方針の明確化と透明性のある共有は、従業員に「共に未来を築こう」という強いメッセージを伝えるものであり、企業と従業員がともに明るい未来を創り上げるための基盤となるのです。

# 10　コミュニケーション不足による誤解

## コミュニケーション不足が引き起こす問題

　職場でのコミュニケーション不足は、まるで機能不全を起こしたチームワークのようです。言葉足らずの指示や情報共有の遅れが、誤解や情報の行き違いを引き起こし、業務効率はどんどん低下していきます。

　「そんなつもりじゃなかった」「伝えたはずだった」——こうした言い訳が飛び交う職場では、やがて人間関係にもひびが入り、従業員同士や経営者との間に不信感が生まれます。

　そして、この不信感が蓄積されると、最終的には労使トラブルという大問題に発展することも珍しくありません。

## コミュニケーション不足の影響

　コミュニケーション不足がもたらす影響は、一見してわかりにくいかもしれませんが、じわじわと組織をむしばんでいきます。たとえば、情報共有が不十分で、業務に必要な情報が行き渡らないと、ミスや業務の遅延が発生します。

　これが「誰かがやるだろう」という無責任な空気を生み出し、結果としてチーム全体の信頼関係が崩れる原因になります。

　さらに、目標や役割分担が曖昧な場合、従業員同士で「そんなこ

と聞いていない」といったすれ違いが起こり、チームワークが損なわれます。その影響で業務効率が下がり、生産性が低下していく様子はまさに「沈む船」のようです。

　一方、上司や同僚との意思疎通が不足すると、従業員は「自分の仕事が評価されているのかわからない」「何のために頑張っているのか見えない」という不安やストレスを抱えます。その結果、職場でのトラブルが早期に発見されないばかりか、小さな問題がやがて大きな爆発へとつながることもあります。コミュニケーション不足は、従業員の満足度を下げ、企業全体を見えないところで蝕む危険なリスクなのです。

**コミュニケーションの効果**
　コミュニケーションは、単なる会話や情報のやり取りではありません。それは、情報共有や信頼関係の構築を通じて組織全体を強化し、問題解決を促進する「職場の基盤」となるものです。

積極的にコミュニケーションを取る文化を育むことで、労使トラブルの予防、業務効率の向上、さらには従業員の満足度アップという多くのメリットを得ることができます。

　この文化を根付かせるには、経営者やリーダーが率先して「話す」「聞く」姿勢を示すことが欠かせません。リーダーが模範を示すことで、従業員にも「意見を言いやすい」「話を聞いてもらえる」という安心感が生まれ、組織内での対話が自然と活発になります。

　コミュニケーションの改善は、単なる短期的な施策にとどまらず、職場全体を持続可能な成長へと導く鍵となります。共に話し合い、耳を傾ける文化を築くことは、すべての従業員が働きがいを感じる職場を実現する第一歩です。

## コミュニケーション活性化させる基本姿勢

　私は職場でのコミュニケーションが苦手でした。

　相手の顔色を伺い、「嫌われたらどうしよう」「否定されたらどうしよう」と不安になり、言いたいことが言えませんでした。

　特に、ギャンブルに依存していた頃は、人と話すこと自体が怖くなり、孤立を深めていました。「こんな情けない自分を誰にも知られたくない」「どうせバカにされるだけだ」と決めつけ、妻や友人にも本音を話せずにいました。

　しかし、ある日すべてを打ち明けたことで、「どんなに最悪な状況でも、本音を話していいのだ」と気づかされたのです。

　職場でも同じです。意見が言えない空気が広がると、「どうせ言ってもムダだ」という諦めムードが生まれ、業務の改善が進みません。

　大切なのは、「どう思われるか」ではなく、「互いに本音を伝え合い、理解を深めること」です。これこそが、風通しのよい職場をつくり、組織の成長を支えるのです。

# 第 2 章
## 労働基準監督署の
## 調査・是正勧告に関する実務対応

# 1 労働基準監督署とは

**労基署の業務**

労働基準監督署（以下「労基署」と略称）は、厚生労働省の下に設置された行政機関で、労働者の権利保護や職場環境の安全確保を目的としています。その主な役割は以下の通りです。

① 法令遵守の監督

労働基準法、労働安全衛生法、最低賃金法などが適切に守られているか確認します。

② 労働者からの相談対応

賃金未払い、残業代不払い、年次有給休暇拒否など、労働条件に関する申告を受け付けます。

③ 是正指導

法令違反が認められる場合、企業に対して是正措置を指導します。労基署は「労働者の駆け込み寺」とも言える存在であり、企業にとっては法令遵守が求められる重要な監督機関です。

**労基署の権限**

労基署の業務を担う労働基準監督官（以下「監督官」と略称）は、法律に基づき次の権限を持っています。

① 臨検（立ち入り調査）

労働基準法第 101 条に基づき、監督官は事業所や工場などを訪問し、法律違反がないか調査を行います。具体的には、次の行為が含まれます。

- 書類の確認：労働者名簿や賃金台帳など、法定書類の提出を求めます。
- 尋問：使用者や労働者に対して、口頭で質問し、状況を確認します。

② 司法警察官としての職務

監督官は、労働基準法違反があった場合、刑事訴訟法に規定される司法警察官としての職務を行う権限を持っています。この役割に基づき、次のような職務を遂行します。

- 強制捜査：労働基準法や関連法令に違反が確認された場合、必要に応じて違反企業に対する強制捜査を実施します。
- 送検：法令違反が重大で、犯罪の疑いが濃厚と判断された場合、事件を検察に書類送検します。

## 是正勧告を無視したケース

以前、ある経営者が労働基準監督署からの是正勧告を無視し続けた結果、監督官から「これから刑事訴訟法に移行します」と告げられ、慌てて対応を余儀なくされた事例があります。

このような場合、書類送検が行われれば会社名が新聞やメディアで公表される可能性が高まり、社会的信用が大きく損なわれるだけでなく、取引先や顧客からの信頼も失い、結果的に経営に深刻なダメージを与えるリスクがあります。

また、労働基準法違反に対する罰則規定により、罰金刑や懲役刑が課される可能性もあり、是正勧告を無視し続けた場合はより重い処分を受けることにもなりかねません。

こうしたリスクを避けるためには、労働基準法を遵守することが最低限の義務であると認識し、是正勧告を受けた際には速やかに対応計画を立てて誠実に改善に取り組む姿勢が求められます。

　さらに、必要に応じて社会保険労務士や弁護士などの専門家に相談しながら進めることで、法的リスクを最小限に抑えつつ、企業の信用と安定した経営を守ることが可能となります。

　このように、是正勧告を軽視することは企業の存続に重大な影響を及ぼす可能性があるため、真摯に対応することの重要性を改めて認識する必要があります。

# 2　労基署の調査とは

　労基署の調査とは、労働基準法やその他の労働関係法令の遵守状況を確認するために実施する調査のことです。調査の目的は、労働者の生命、健康、生活を守ることを目的に実施されます。

## ⑴　調査の種類

　労基署の調査にはいくつかの種類があり、それぞれ目的や背景が異なります。

① 定期監督

• 計画的に選定した事業所を対象に行う調査です。

• 業種や地域、過去の監督履歴などを基に選定されます。

• 労働条件や就業規則、安全衛生基準の適用状況を全般的にチェックします。

② 申告監督

• 労働者からの申告や相談に基づいて実施されます。

• 主な申告内容には、未払残業代、違法な長時間労働、賃金減額などがあります。

- 労働者が匿名で申告することも可能で、申告者の保護が法律で保障されています。

③ 災害調査

- 労働災害が発生した場合、その原因を究明し、再発防止を図るために行われます。
- 職場の安全対策や労働環境が適切であったかが重点的に調査されます。

④再監督

- 初回の是正勧告や指導に基づく改善状況を確認するために再度行われる監督です。初回の監督で指摘された違反事項について、企業が改善を実施しているかを確認するために行われます。
- 違反事項が是正されていない場合、さらなる指導や罰則に繋がる可能性があります。

## (2)　労基署対応方法

　労基署の調査は、企業が法令を遵守し、健全な職場環境を維持するために重要なプロセスです。各調査の種類や目的を理解し、適切に対応することが、トラブルの予防と企業の信頼性向上につながります。

　事前の準備と日常的な労務管理の徹底を通じて、労基署の調査に対して安心して臨める体制を整えましょう。

# 3　労基署調査の流れ

　労基署の調査は、次のような手順で行われます。

## (1)　調査のきっかけ

　労働者からの申告、災害発生、または定期監督などの理由で行われます。

⑵　**調査の実施**

　労基署の調査は、企業への直接訪問（立ち入り調査）による方法
と、企業側が労基署に必要書類を持参して行う方法の２つに大き
く分けられます。それぞれの違いや流れは次の通りです。

① 立ち入り調査（直接訪問する場合）

　労基署の監督官が企業を直接訪問して実施する調査です。この方
法は、現場の状況を確認しながら書類を精査し、必要に応じて改善
を指導するために行われます。

- 対象となる書類：賃金台帳、タイムカード、労働契約書、就業規
  則などを確認。
- 現場視察：必要に応じて職場環境や作業現場を視察し、現場の労
  働条件を確認。
- 特徴：現場の状況や書類を一体的に調査するため、法令違反の有
  無をより正確に把握できます。

② 書類持参の調査（企業側が労基署に書類を持参する場合）

　企業が労基署の指示に従い、必要な書類を持参して調査を受ける
方法です。この場合、監督官は持参された書類を基に法令の遵守状
況を確認します。

- 対象となる書類：賃金台帳、タイムカード、労働契約書、就業規
  則など、必要とされる書類一式を持参。
- 特徴：現場の視察や労働者へのヒアリングは通常行われません。
  そのため、書類の整備状況が調査の中心となります。

③ ヒアリング

　調査の一環として、監督官が労働者や管理者から直接話を聞き、
実態を把握します。これは主に立ち入り調査で行われますが、書類
持参調査後に追加でヒアリングが求められる場合もあります。

- 目的：書類だけでは把握できない問題点や、労働者の実際の声を

確認するため。

④ 是正勧告書や指導票の発行

調査結果に基づき、法令違反や改善が必要と判断された場合、是正勧告書や指導票が交付されます。

⑤ 改善報告の提出

企業は、指摘事項を改善し、その結果を労基署に報告します。

⑥ 再監督（必要に応じて）

改善が不十分な場合、労基署による再監督や追加指導が実施されることがあります。

# 4　是正勧告書と指導票の違い

労基署による調査の結果、法令違反や改善が必要な事項が確認された場合、企業には是正を求める通知が行われます。その際に発行されるのが「是正勧告書」または「指導票」です。両者には目的や法的拘束力などに違いがあります。

① 是正勧告書

是正勧告書は、労基署が調査を通じて労働基準法などの法令違反を確認した際に発行されます。

（ⅰ）目的：法令違反の是正を求める。

（ⅱ）対象：労働基準法などの法令に明確に違反している行為や状態（例：未払残業代、違法な長時間労働、最低賃金法違反など）。

（ⅲ）法的拘束力：是正勧告は行政指導のため法的拘束力はありません。ただし、従わない場合には行政指導の強化や書類送検（刑事処分）につながる可能性があります。

（ⅳ）企業の対応：是正勧告を受けた場合、速やかに改善を実施し、指摘された内容についての報告書を期限内に提出することが求め

られます。

② 指導票

　指導票は、法令違反には至らないが、改善が望ましいと認められる場合に発行されます。

（ⅰ）目的：法令違反を未然に防ぎ、予防的な改善を促す。

（ⅱ）対象：法律違反とまでは言えないが、法令の趣旨にそぐわない行為や改善が必要な管理体制（例：就業規則の不備、安全衛生管理の不十分さなど）。

（ⅲ）法的拘束力：指導票には法的拘束力なく、改善義務もありません。ただし、改善を怠ると次回調査で是正勧告の対象になる可能性があります。

（ⅳ）企業への影響：指導票を無視して改善を怠ると、労基署からの信頼を損ねるだけでなく、問題が深刻化し、次回の調査で法令違反に発展するリスクがあります。

# 5　是正を進めるためのステップ

　労基署から是正勧告や指導票を受けた際、迅速かつ適切に対応することが、企業の信頼性向上と再発防止に繋がります。

　次は、是正を進めるための具体的なステップです。

**勧告内容の確認**

① 具体的な内容を把握

・是正勧告書や指導票に記載された違反事項や改善指示を確認します。

・違反箇所がどの法令や規則に基づくものかを理解し、適切な改善策を考える基礎とします。

② 担当者の決定

- 是正対応を指揮する責任者を明確にします（例：人事部長、労務担当者）。
- 必要に応じて社会保険労務士や弁護士などの専門家を早めに相談します。

## 問題点の原因分析

① 背景を深掘り

- 違反が発生した原因を調査します（例：管理体制の不備、従業員とのコミュニケーション不足など）。
- 問題の本質を特定することで、同じ違反が再発しない仕組みを構築できます。

② 関連する社内データの確認

- 賃金台帳、勤怠記録、就業規則、安全衛生記録など、関連書類を精査します。

## 改善策の立案

① 法令遵守を最優先

- 労働基準法や関連法令に基づいた改善策を策定します。
- 勧告内容をもとに、具体的な対応手順をリストアップします（例：未払賃金の支払い、就業規則の改訂、安全設備の整備）。

② 再発防止策を含める

- 一時的な対応だけでなく、再発を防ぐための長期的な施策を計画します（例：労働時間管理の強化、研修の実施）

## 社内での周知・徹底

① 従業員への説明

- 是正内容を従業員に説明し、改善の趣旨や意図を共有します。
- 必要に応じて、労働組合や労働者代表の協力を得ます。

②社内規定の整備

- 就業規則や安全衛生規程を見直し、改訂が必要であれば労基署へ届出を行います。

③研修の実施

- 法令遵守やハラスメント防止、安全衛生管理に関する社内研修を行い、従業員全体の意識向上を図ります。

## 是正措置の実行

① 具体的なアクションを実施

- 指摘された未払賃金の支払い、安全衛生設備の改善などを迅速に実行します。
- 安全衛生設備の不備が指摘された場合は、専門業者と連携して改善を進めます。

② 実行状況の確認

- 計画に基づき改善が進んでいるかを定期的にモニタリングし、必要に応じて修正します。

## 是正報告書の作成・提出

① 労基署への報告

- 是正措置の結果をまとめた報告書を作成し、期限内に労基署へ提出します（期限内に間に合わない場合には、遅れる旨を事前に伝えることで、期限を延ばしてくれることがあります）。

② 透明性の確保

- 必要に応じて、改善後の書類や写真などの証拠を添付し、労基署に誠実な姿勢を示します。

③ 再発防止の体制構築

- 定期的に内部監査を行い、労務管理や安全衛生管理の状況を確認します。
- 労務問題の専門家の助言を受けながら、適宜体制を見直します。

# 6　絶対にやってはいけない NG 対応

**NG 対応**

　労基署から調査や是正勧告を受けた際、対応を誤ると状況が悪化し、行政指導が厳格化するだけでなく、企業の信用や存続に重大な影響を及ぼします。ここでは、避けるべき NG 対応を具体的に解説します。

**絶対にやってはいけないこと**

① 調査を拒否する

　労基署の調査に対し、立ち入りを拒否したり、協力を渋ったりする行為は絶対に避けなければなりません。これは、労働基準法に基づく正当な業務を妨げる行為として違法とみなされ、不信感を招くだけでなく、強制的な措置や送検に至るリスクを高めます。

② 虚偽の報告や隠蔽を行う

　賃金台帳やタイムカードの改ざん、事実を隠すための虚偽の説明も重大な問題です。このような行為が発覚すると、企業の信頼性が著しく損なわれ、悪質な違反として厳しい行政指導や刑事罰の対象となります。

③ 調査通知を放置する

調査通知を無視したり、是正勧告書や指導票に対して何の対応も取らないことは、問題をさらにエスカレートさせます。これにより、強制措置や企業名の公表といったリスクにつながる可能性があります。

④ 強圧的な態度を取る

労基署の担当者に対して威圧的な態度を取ることや調査を妨害する行為は、公務執行妨害罪として刑事罰に問われる可能性があります。また、これにより調査がより厳格化され、企業への信頼が一層低下する結果となります。

⑤ 従業員への圧力をかける

労基署への申告を行った従業員を特定して処罰や嫌がらせを行う、あるいは嘘の証言を強要する行為は、労働基準法第104条に違反します。このような対応は従業員との信頼関係を損ない、トラブルの拡大を招きます。

⑥ 専門家の助言を無視する

社会保険労務士や弁護士といった外部の専門家からの助言を無視し、独自の判断で対応を進めることも問題です。これにより、誤った対応を取るリスクが高まり、問題がさらに複雑化する恐れがあります。

⑦ 再発防止策を怠る

是正勧告に従った一時的な対応のみで済ませ、再発防止策を講じないことは避けるべきです。同じ問題が再発すると、労基署からの評価が悪化し、次回以降の調査がさらに厳しくなり、企業の信頼や評判に大きな影響を与える可能性があります。


**NG対応からの脱却**

労基署対応では、これらのNG行為を徹底的に避け、誠実かつ迅

速に対応することが不可欠です。調査への協力姿勢を示し、指摘事項に真摯に向き合い、再発防止策を講じることで、問題の早期解決と企業の信頼維持を図ることができます。このような対応は、持続的な成長を支える基盤となり、従業員や社会からの信頼を高める大きな要因となります。

# 7 労基署が重点的に見るポイント

## 調査でのチェック項目を理解し、未然に防ぐ

労基署の調査は、企業が労働基準法や労働安全衛生法等を遵守しているかを確認するために行われます。特に、企業が見落としがちな項目や不適切に運用されている部分が重点的にチェックされるため、事前にどのような項目が調査対象となるのかを理解し、整備しておくことがトラブル防止の鍵です。

本章では、労基署が注目する主要なポイントについて解説します。

## 労働時間管理

労働時間は労働基準法違反で最も指摘されやすい項目の1つです。調査では、1日8時間、週40時間を超える労働が適切に管理されているかが確認されます。たとえば、変形労働時間制を導入している場合は、その運用が法令に準拠しているかどうかもチェックされます。

また、時間外労働（残業）の管理も重要です。企業が36協定を締結し、労基署に届出ているか、さらにその範囲内で時間外労働が行われているかが確認されます。

特に、過労死ライン（1か月100時間超の残業など）を超える長時間労働は重大な違反とみなされます。加えて、タイムカードや

勤怠管理システムが正確に運用されているか、記録の改ざんがない
かも調査対象です。

## 賃金管理

　賃金は労働者の生活に直結するため、労基署が最も注目するポイ
ントの1つです。まず、各都道府県で定められた最低賃金を下回る
支払いがないかが確認されます。さらに、残業代や休日出勤手当、
深夜手当などの割増賃金が適切に支払われているかも調査されます。
　固定残業代を導入している場合は、その説明が十分であり、法令
に基づいて運用されているかがチェックされます。賃金台帳が正確
に作成され、従業員ごとの賃金や支給内容が明確に記載されている
ことも重要です。また、適切な期間にわたって保存され、必要に応
じてすぐに確認できる状態にあることが求められます。

## 就業規則の整備

　常時10人以上の労働者を雇用している事業所では、就業規則の
作成と労基署への届出が義務づけられています。さらに、法改正や
実態の変化に応じて適宜更新し、最新の内容が反映されていること
が求められます。
　就業規則の内容が労働基準法や関連法令に適合しているか、実際
の運用と矛盾していないかもチェックされます。たとえば、労働時
間や賃金体系、休暇制度が明確に記載され、実務と一致しているか
が確認されます。

## 安全衛生管理

　労働安全衛生法に基づき、安全管理者や衛生管理者が選任され、
職場の点検や改善が実施されているかが確認されます。また、安全

衛生委員会が必要に応じて開催されているか、危険な作業や設備に適切な防護措置が講じられているかも重点的に調査されます。

過重労働対策として、長時間労働者に対する医師の面接指導が実施されているか、労働災害発生時の報告義務が守られているかも確認されます。

### 休暇制度・休憩の運用

年次有給休暇が労働基準法に基づき適切に付与され、年5日の取得義務が満たされているかを確認します。また、6時間を超えて働く場合に45分以上、8時間を超える場合に1時間以上の休憩が適切に与えられているかチェックされます。

### 労働契約の適正化

労働条件通知書や雇用契約書が従業員に交付されているか、契約内容が法令に準拠しているかが調査されます。

# 8　調査・是正後の再発防止策の構築

### 再発防止が信頼を築く第一歩

労基署の調査や是正勧告を受けた後、再発防止策を講じることは、企業が信頼を回復し、職場環境を改善するために欠かせません。一時的な対応に留まらず、根本的な原因を取り除き、持続的に改善を進める仕組みを整えることが重要です。ここでは、再発防止に向けた具体的な手順を解説します。

### 問題の振り返りと原因の特定

まず、問題を詳細に振り返り、なぜその問題が発生したのかを分

析します。

　労基署からの是正勧告や指導票を基に、どのような違反や問題があったのかを確認し、背景や状況を深掘りします。単に「未払残業代が発生した」や「過重労働が見られた」といった事実を把握するだけでは不十分です。それがなぜ起こったのか、たとえば「業務量が過剰だったのか」「労働時間の管理が不十分だったのか」といった根本原因を特定することが求められます。

　一方、「人材不足だから仕方がない」というような言い訳では問題の本質にたどり着くことはできません。「仕方がない」では済まされない問題であることを認識し、真の原因を突き止めることが求められます。

　たとえば、人材不足が原因であれば、それに至った経緯（採用計画の不備や過剰な業務量の割り振り）を分析し、どのように改善できるかを具体的に考える必要があります。

**体制とルールの見直し**

　再発防止のためには、職場の管理体制やルールを見直すことが欠かせません。

　まず、労務管理や安全衛生管理の担当者を明確にし、それぞれの責任を分担します。たとえば、勤怠管理や賃金計算の責任者を指定し、定期的に状況をチェックする仕組みを整えます。また、就業規則を最新の法令に基づいて更新し、従業員が守るべきルールを具体的に示します。

　特に、残業時間の管理方法や休暇取得の手順を明確にすることで、ルールの曖昧さが原因となるトラブルを防ぐことができます。

　さらに、これらのルールを従業員に周知徹底するための研修や説明会を実施し、理解を深めることが重要です。

## 労務管理ツールの導入

　テクノロジーを活用して労務管理を効率化することも、再発防止に有効です。たとえば、勤怠管理システムを導入することで、従業員の労働時間をリアルタイムで把握し、タイムカードや手作業による記録ミスを防ぐことができます。また、自動化された賃金計算ソフトを活用することで、賃金計算ミスや未払いを防ぎ、公正な賃金管理を実現します。こうしたツールは、労務管理の精度を高めるだけでなく、管理者の負担軽減にも寄与します。

## 第三者チェック

　社会保険労務士などの専門家に定期的な確認を依頼し、客観的な視点から改善点を把握します。

## 経営者・管理職の意識改革

　再発防止には、経営者や管理職が労務リスクを正しく理解し、労働環境の整備に積極的に取り組む姿勢を示すことが重要です。

　労務リスクの軽視や後回しにする姿勢は、従業員の信頼を損ねるだけでなく、再びトラブルを招く原因にもなります。経営陣が率先して改善に取り組む姿勢を示すことで、従業員全体に「会社は本気で改善を目指している」というメッセージを伝えることができます。

　このトップダウンの姿勢は、職場全体の意識を変え、信頼関係を強化する重要な要素となります。

# 9　調査・是正後の従業員への対応

## 信頼関係を築くその後の対応

　調査が入るまで、日々の業務に追われて重要なことが見過ごされ

ていたケースは少なくありません。このような状況は企業にとっての課題であると同時に、改善を図る絶好のタイミングでもあります。

調査結果や改善方針を丁寧に従業員へ伝えることで、不安を取り除き、職場環境を向上させることができます。以下に、信頼関係を築き直すための具体的な対応策を解説します。

**調査結果と是正内容の共有**

労基署からの指摘を受けた場合、まず重要なのは、透明性を確保することです。調査で指摘された内容や是正勧告のポイントについては、必要に応じて隠すことなく従業員に説明し、会社としての改善方針を明確に伝えることで、従業員の不安を和らげることができます。

この際、単なる事実の共有に留まらず、会社が今後どのように対応していくのかを具体的に示すことが信頼の獲得につながります。

説明会を開催し、全従業員に調査結果や改善計画を説明する場を設けるのも効果的です。説明は簡潔かつ誠実に行い、従業員が状況を十分に理解できるよう配慮します。

また、調査や是正が個々の従業員にどのような影響を与えるのかについては、個別に対応することが必要です。たとえば、未払残業代の支払手続や勤務時間の変更が必要な場合、対象者1人ひとりに丁寧に説明を行い、納得感を高めることが重要です。

**賃金や労働条件の改善対応**

労基署の調査で未払賃金や不適切な労働条件が指摘された場合、迅速に改善を進めることが不可欠です。たとえば、未払残業代が発生している場合には、対象従業員に支払いスケジュールや金額の計算根拠を明確に説明しながら、速やかに支払いを実施します。

第2章　労働基準監督署の調査・是正勧告に関する実務対応

さらに、労働条件の見直しも必要です。たとえば、労働時間や休暇制度に関する是正勧告を受けた場合には、新しいルールを迅速に策定し、全従業員に周知徹底します。改善されたルールを実際の業務に取り入れることで、従業員がより働きやすい環境を実感できるようにすることで信頼関係を築けるようになります。

# 10　労基署対応をきっかけに職場改善を進める

## 全社的な改善目標を策定

法令遵守を前提としつつ、「働きやすい職場づくり」を目指した具体的な目標を掲げましょう。たとえば、残業時間の削減、有給休暇取得率の向上、安全衛生体制の強化などが挙げられます。こうした目標を具体的に設定することで、従業員全員が共通のゴールを認識し、一丸となって取り組む基盤が整います。

次に、これらの目標を実現するための行動計画を立てます。改善すべき課題ごとに対応策を立案し、それぞれの実行スケジュールを明確化します。また、誰がどの部分を担当するのか責任者を設定し、計画の進捗状況を把握できる仕組みを構築することが重要です。

## 職場改善の実行と継続的な取り組み

改善計画を立てるだけでなく、それを実行に移し、継続的に取り組むことが職場をよりよい環境に変える鍵となります。具体的には、残業削減率や年次有給休暇取得率、安全対策の実施件数といった定量的な指標を用いて、改善の成果を測定します。

こうした成果を定期的に従業員に共有することで、全員が自分たちの努力が目に見える形で実を結んでいることを実感できます。これにより、さらなるモチベーション向上が期待できます。

## 職場改善のスタート

　労基署からの指摘や是正勧告は、職場環境を見直す絶好の機会です。「ただの是正作業」ではなく、「企業全体の成長のための起点」として活用しましょう。これをきっかけに、働きやすい職場づくりに向けた継続的な努力を重ねることで、従業員のエンゲージメント向上や生産性の向上が実現します。

　労基署対応を通じて、法令遵守に留まらず、企業文化や職場環境を一新する取り組みを進めることで、従業員全員が安心して働ける職場を築き上げ、企業全体の信頼性を高めていきましょう。

　職場改善はゴールではなくスタートです。日々の努力が、企業の持続的な発展に繋がることを忘れずに、積極的に取り組みを進めていきましょう。

## 職場改善から企業文化へ

　職場改善は一時的な対応ではなく、企業の成長に不可欠です。

　しかし、経営者に「職場改善に取り組んでみませんか？」と尋ねると、「知り合いの会社もやっていないから、うちも必要ないよ」と言われることがあります。

　しかし、現代は変化のスピードが速く、市場環境や技術革新が目まぐるしく進んでいます。「周りもやっていないから大丈夫」という姿勢では、競争に取り残されてしまいます。

　大切なのは、「変化を拒む」のではなく、「変化を楽しむ」ことです。問題解決の過程には、予想外の発見や面白さがあります。挑戦するプロセスを楽しめる環境をつくることで、職場改善を一過性の取り組みではなく、企業に根付かせることができます。そのためには、経営層が主体的に関与し、継続的に支援することで、職場改善を企業文化として定着させることが重要です。

# 第3章
## 労使の両方の視点に立った
## 労使トラブル円満解決テクニック
### その①

# 1　労働時間管理に対する対応

　「うちはブラック企業じゃない！」と言いたい経営者と、「働きすぎだ！」と訴える従業員の間で、労働時間を巡るトラブルは非常に発生しやすい課題です。どれだけ経営者が「うちの会社はブラックではない」と胸を張っても、従業員から「長時間労働がつらい」との声が上がれば、全く問題がないとは言い切れないでしょう。

　一方で、従業員側も「残業代が支払われない」「休憩が取れない」と不満を抱えつつ、タイムカードの打刻が曖昧だったり、仕事中に雑談を挟んで効率を下げているケースも少なくありません。

　労使の双方にとって、労働時間管理は永遠の課題と言えます。ここでは、労働者と経営者それぞれの視点を深掘りしながら、解決の糸口を探ります。

## 労働者の視点：「ちゃんと休ませてほしい」

　従業員が最も不満を抱く原因として挙げられるのが、「長時間労働」や「適切な休憩時間の確保がされていないこと」、そして「サービス残業」の問題です。ある職場では、昼休みの時間に電話当番を頼まれる従業員がいました。「電話が鳴るかもしれない」と思うとリラックスできず、気づけば実質的に働きっぱなしとなり、「休憩した気がしない」と感じるのも無理はありません。

　このような状況を改善するには、まず「できることから実行する」姿勢が大切です。たとえば、昼休みの時間帯に電話は留守番電話で対応するようにすれば、すぐに「休憩を業務から切り離す環境」をつくれます。また、「休憩とは業務を一切行わない時間帯である」という基本原則を周知し、全員が徹底できる体制を整えることが必

要です。

　従業員にとって「しっかりとした休憩時間」が確保されることで、業務効率の向上やモチベーション維持が期待できるのです。


**経営者の視点：「効率も考えたい・・・でもどうすれば？」**

　経営者側の立場から見ると、「従業員に無理をさせたくない」と思いつつも、納期やクライアントからの要望に追われ、結果的に長時間労働を黙認してしまうケースが見受けられます。

　しかし、長時間労働を放置すると、従業員の健康問題やモチベーション低下を招き、結果的には企業の業績にも悪影響を及ぼすことになります。

　たとえば、ある企業では「みんな定時退社を目指そう！」というスローガンを掲げつつも、上司が夜遅くまで仕事をしていたため、部下が帰りづらい雰囲気をつくり出していました。

　対策として「定時以降はオフィスの電気を消す」というルールを導入した結果、業務効率が改善し、残業時間も削減されました。「残業は仕方がない」という前提を疑い、業務プロセスの見直しや役割分担の再調整を行うだけでも、トラブルの原因を大幅に軽減することが可能です。


**両者の視点を踏まえた解決策**

　労働時間の問題は、労使のどちらか一方が努力するだけでは解決しません。ある中小企業では、従業員から「自分のライフスタイルに合わせた働き方ができるようにしてほしい」という要望が寄せられたことを受け、経営者と従業員が労使協議を行いました。その結果、フレックスタイム制とテレワークを導入することに成功しました。

これにより、従業員は通勤時間の削減や家庭の事情に応じた柔軟な働き方の実現という恩恵を受け、経営者も生産性の向上を実感しました。
　この事例から学べるのは、「対話の重要性」です。労働者の不満や要望を丁寧にヒアリングし、経営側の課題や制約も率直に共有することで、双方が納得できる解決策を見つけることが可能になるのです。

**労働時間管理の重要性**
　適切な労働時間管理は、従業員の満足度を高めるだけでなく、企業の持続可能な成長を支える基盤でもあります。ただ「働きやすい環境を整える」だけではなく、「労使が互いに成長できる仕組みを構築する」という視点が求められるのです。
　働きやすさと生産性を両立させた職場は、トラブルの少ない職場でもあります。労使が対話を通じて協力し、互いに納得できる解決策を模索することで、よりよい未来を切り拓いていくことが可能となるでしょう。

## 2　労働契約内容に対する対応

　「労働契約なんて形式的なものでしょ？」と思っている方はいないでしょうか。労働契約に関するトラブルは、労使トラブルの中で

第3章　労使の両方の視点に立った労使トラブル円満解決テクニックその①

も特に根深く、契約内容が曖昧だったり、従業員への十分な説明がないまま業務が開始されると、「聞いていない」「こんなはずじゃなかった」という不満や誤解が積み重なり、最悪の場合は裁判沙汰に発展することもあります。

　労働契約書は単なる書類ではなく、労使関係を築くための重要な"合意事項"です。ここでは、労働者と経営者それぞれの視点から、契約トラブルを防ぐポイントを探ります。

### 労働者の視点：「約束はちゃんと守られますか？」

　ある従業員はこう話します。「入社したときは『早出はない』と聞いていたのに、実際には早出もあったんです」。

　これは、労働契約内容が曖昧であるために起きる典型的なトラブルです。契約書に明記された条件と実際の労働条件が異なる場合、従業員は「騙された」と感じ、信頼関係が一気に崩れる原因になります。

　これを防ぐには、契約条件を明確にし、それを文書で記録することが不可欠です。給与、勤務時間、休日、休憩、年次有給休暇など、働くうえで重要な項目はすべて労働契約書に具体的に記載し、従業員が理解できるよう丁寧に説明しましょう。

　さらに、契約条件に変更が生じた場合は、必ず事前に従業員の同意を得たうえで契約内容を更新し、新しい条件を明確に伝えることが重要です。

### 経営者の視点：「契約は守らないと損をする」

　経営者側の言い分も理解できます。「従業員に柔軟に働いてほしいから、契約にあまり細かく縛られたくない」という考えはあるでしょう。しかし、これがトラブルの温床になります。

61

たとえば、ある中小企業では、労働契約書をつくらずに口頭だけで給与総額を伝えて雇用を開始したところ、退職後「残業代をもらっていない」と訴えられ、多額の未払残業代を請求されたケースがあります。

　契約書がなければ、言った言わないの問題になり、証拠が残らないため、たとえ経営者に悪意がなくても法的リスクを回避するのは困難です。

　また、従業員の業務内容や役割が変わる場合には、その都度契約内容を見直し、必要に応じて更新することでトラブルを未然に防ぐことができます。


**両者の視点を踏まえた解決策**

　労働契約内容に関するトラブルを防ぐには、労使双方が透明性を重視する姿勢が欠かせません。従業員が労働契約内容について気軽に質問できる環境を整えたり、経営者側が契約条件をオープンにすることで、誤解を未然に防ぐことができます。


**労働契約管理の重要性**

　労働契約書は、労使関係の土台を築くための重要なツールです。「労働契約書なんて形式的なもの」という考えを改め、これを「信頼構築のためのツール」として活用しましょう。

　労働契約書を適切に管理し、双方が納得できる内容で合意するプロセスを大切にすることで、職場環境は大きく改善されます。

　労使トラブルを防ぐのに必要なのは、特別な仕組みや技術ではありません。「約束を守る」「説明を徹底する」「透明性を保つ」という、当たり前のことを当たり前に積み重ねるだけで、職場はよりよい方向へ進んでいきます。

# 3 未払残業に対する対応

「未払残業？　うちには関係ない」と考える経営者は、非常に危険な状態にあるかもしれません。未払残業問題は、労使トラブルの中でも特に頻発する課題であり、表面的には問題が見えなくても、残業計算の誤りやサービス残業の実態が発覚した場合、従業員の不満が一気に表面化する可能性があります。

さらに、賃金請求権の消滅時効期間が延長される流れ（当分の間は3年、将来的には5年へ）により、従業員が未払残業を請求するハードルが低くなっています。この問題を放置すると、企業の信用を著しく損なうだけでなく、財務に大きなダメージを与えるリスクがあります。

**労働者の視点：「働いた分だけ、ちゃんと払ってほしい！」**

従業員にとって、自分が働いた時間に対する正当な対価を受け取るのは、基本的な権利です。しかし、現実には「サービス残業」や「固定残業代に含まれている」という理由で、労働時間が適切に反映されないケースが少なくありません。

ある従業員がこんな不満を漏らしていました。

「毎日2時間以上残業しているのに、会社は『固定残業代に含まれてるから』の一点張り。いやいや、その固定時間外分はとっくに超えてるんだけど！」

こうした不満が放置されると、不信感はどんどん膨らみます。最終的には、労基署に駆け込まれたり、SNSで不満を公開されるなどして、会社の評判が傷つくこともあります。

従業員の立場からは、自分の労働時間が正確に記録されているか

63

確認すること、そして疑問や不満があれば早めに相談できる環境が必要です。「こんなこと言ったら嫌がられるかも」と思わせない職場の雰囲気づくりが大切です。

### 経営者の視点：「残業代？　全部払っていたらやっていけない、なんて言い訳は通じない」

　経営者にとって未払残業問題は、まさに「火薬庫」。うっかり火をつけてしまうと、経営が吹き飛ぶリスクさえあります。

　特に、固定残業制や裁量労働制を導入している企業は要注意です。これらの制度がきちんと運用されていなければ、「制度を盾に払わないつもりだろう」という従業員の不信を招きかねません。

　正確な労働時間の記録を徹底することは、法的リスクを回避する第一歩です。タイムカードや勤怠管理システムを活用し、従業員自身が時間を記録できる仕組みを整えましょう。

　また、残業を減らすための業務効率化や適切な業務配分を行うことで、未払残業のリスクを大幅に軽減できます。

### 両者の視点を踏まえた解決策

　未払残業を解決するには、労使双方の透明性を高める取り組みが必要です。たとえば、残業申請を承認制にすることで、実際の労働時間を明確化し、無駄な残業を防ぐことができます。

　さらに、従業員から労働時間に関する意見を定期的に収集し、柔軟に対応する姿勢を示すことで、信頼関係が強化されます。

### 未払残業解消の重要性

　未払残業を放置すると、労基署への申告や訴訟に発展し、企業の信用が損なわれるだけでなく、優秀な人材の離職や採用難を招くリ

スクがあります。一方で、この問題に真摯に向き合い、解消する努力をすることで、職場環境は大きく改善されます。

未払残業を解消することで、従業員が安心して働ける環境を提供し、企業全体の生産性と士気を高める未来への投資となります。

# 4　名ばかり管理職の対応

「肩書きは立派。でも、中身は？」

「管理職なんだから頑張ってね」——こんな言葉で新しい肩書きを与えられた従業員。期待とともに始めたものの、実際には「責任ばかり増え、権限も待遇も変わらない」と感じるケースが少なくありません。いわゆる「名ばかり管理職」の問題です。

この問題は従業員に不満を募らせるだけでなく、企業にとっても重大な法的リスクを伴います。

ここでは、労働者と経営者の双方の視点をもとに、この問題への対応策を探ります。

### 労働者の視点：「責任だけ重く、報酬は軽く」

ある従業員がこんな話をしてくれました。

「管理職になったから残業代はなしね、って社長に言われたんです。でも会議では発言権がなく、部下のシフト調整すら上司に確認しないといけない。これで『管理職』って納得できますか？」

名ばかり管理職の従業員が最も不満に感じるのは、「責任と待遇の不一致」です。肩書きだけ与えられても、権限や報酬が伴わなければ、「やらされ損」だと感じるのは当然です。

このような不満が積もると、職場の不信感が高まり、労使トラブルへと発展するリスクが大きくなります。

**経営者の視点：「肩書きだけで満足する時代じゃない」**

経営者からはこんな声が聞こえます。

「責任を持たせたくて管理職にしたけど、実際は前と同じ仕事しかしていない。それで『管理職だから大変だ』と文句ばかり言われる。正直、全員に残業代を払ったほうが楽だと思うこともありますよ」

「管理職」は組織運営の要となる重要な役職です。しかし、肩書きだけで実質的な権限や待遇を伴わない状態を放置すると、従業員のモチベーションが低下し、最悪の場合、法的リスクにつながります。

たとえば、「残業代が支払われない」と従業員から訴えられた場合、経営者が「管理職だから」と主張しても、労働基準法第41条で定められた管理監督者の要件を満たしていなければ、裁判で敗訴するリスクが極めて高いのです。

**「管理監督者」の厳密な条件とは**

労働基準法第41条では、「管理監督者」として労働時間や休憩、休日の規定が適用されない特例が定められています。しかし、この特例が認められるのは、次のような条件を満たしている場合に限ります。

① 経営側に近い立場で業務執行に関する裁量を有していること
② 部下に関する労務管理上の決定権について一定の裁量権がある
③ 労働時間について自ら決定する権限がある
④ 一般の従業員と比べて、待遇が優遇されていること（基本給や役職手当など）

これらは労働基準法そのものに明記されているわけではありませんが、厚生労働省のガイドラインや裁判例で解釈された「管理監督者」の実務基準です。これを満たしていない「名ばかり管理職」は、

法律上は一般従業員と同じ扱いになり、遡って残業代を支払わなければいけない可能性が高くなります。

### 両者の視点を踏まえた解決策

　名ばかり管理職の問題を解決するには、労使双方が率直に話し合い、管理監督者の権限を与えているかどうかを再検討し、役職の定義や責任範囲を明確にすることが重要です。

　一方で、該当しない場合には、残業代が発生するため、手当や規程の見直しが必要になることもあります。

### 名ばかり管理職に対応する重要性

　名ばかり管理職の問題は、法的リスクを回避するだけでなく、従業員の満足度向上や労使関係の信頼強化、さらには企業の生産性向上にもつながります。

　適切な管理職制度を整えることで、従業員が安心して働ける環境をつくり、企業全体の成長を後押しできます。「肩書きだけでは通用しない時代」に対応し、健全な職場づくりを目指しましょう。

## 5　休職に対する対応

　「休むのも勇気。戻るのもまた勇気」

　「ちょっと疲れているな」と思いながら無理を続けた結果、体調を崩してしまった従業員。「しっかり休んで治したいけど、休職したらどうなるんだろう……」と悩む姿は、誰しも想像できるでしょう。

　一方、経営者にとっては、「突然の休職で仕事が回らない！」と焦りが募る場面かもしれません。休職は、従業員にとっても企業に

とっても、重要な局面で適切な対応が求められます。

　ここでは、休職対応における労使双方の視点と、その解決策について探ります。

**労働者の視点：「休むことが怖い職場では、心も体も休まらない」**
　ある従業員の言葉です。
　「休職を申請したとき、上司から『休むのは自由だけど、戻ってきたら席がないかもね』って言われました。それ以来、職場への不信感しかなくなりました」
　休職は、従業員にとってやむを得ない選択ともいえる決断です。しかし、休職期間中の待遇や復職後の扱いが不透明だと、従業員は「戻る場所がない」と感じてしまい、復職への意欲を失います。休職者が安心して回復に専念できる環境を整えるには、次のポイントを明確にすることが大切です。
① 休職期間の長さや延長の条件
　従業員が「いつまで休めるのか」を具体的に理解できることが重要です。
② 休職中の給与、傷病手当金や社会保険料の取り扱い
　これが不透明だと、生活への不安が増します。

③ 復職後の業務への復帰プロセス

明確であれば、従業員の不安が軽減されます。

また、休職中も適度に連絡を取り、従業員が職場から孤立しないよう配慮することが必要です。「無理せず、戻りたいときに戻れる」職場環境は、信頼感を高める鍵となります。

## 経営者の視点：「休職は試練ではなく、再生の機会」

経営者側の声はこうです。

「突然『休みます』と言われても、現場が回らないんですよ。復帰の時期もわからないし、こっちはどう対応したらいいのか……」

確かに、休職は一時的な戦力のダウンを意味します。しかし、適切に対応することで、復職後の従業員がより高いパフォーマンスを発揮し、職場の雰囲気を改善する好機となります。そのためには、休職対応をルールとして整備しておくことが不可欠です。

① 休職のルールを明文化する

就業規則や休職規程に、休職の条件や復職のプロセスを明記します。

② 復職後の配置を計画する

復職後すぐにフル稼働を求めるのではなく、段階的に業務量を調整する仕組みを用意します。

③ 職場とのつながりを保つ

休職中の従業員に業務の進捗を報告し、復帰時にスムーズに業務に戻れるようサポートします。

## 両者の視点を踏まえた解決策

休職対応を円滑に進めるには、休職前の手続から復職後のフォローアップまで、一貫した仕組みを整えることが必要です。従業員

が安心して休職できる環境を提供しつつ、復職に向けたプランを共有し、段階的に業務に戻れるよう配慮します。

　休職対応を適切に行うことは、従業員の信頼感を高めるだけでなく、職場全体の健康的な雰囲気づくりにも寄与します。

**休職対応の重要性**

　休職は企業にとって一時的な負担ではありますが、適切な対応を行うことで、従業員の能力を再び活用できる機会となります。

　休職対応を「問題解決」の視点だけでなく、「信頼構築」と「職場改善」の一環として捉え、労使双方にとってプラスとなる仕組みを整えましょう。

# 6　年次有給休暇に関する対応

　「年次有給休暇（年休）、取らなきゃ損。でも、取るのも一苦労？」
　「年休って使っていいんですよね？」──こんな一言に、ハッとする職場は少なくありません。

　労働基準法で認められた年休は、従業員の大切な制度です。しかし、実際の運用となると、「職場の空気が許さない」「申請するのが面倒」といった理由で、なかなか取れない人も多いのが現実です。

　一方で、経営者もこんな悩みを抱えています。

　「うちの従業員は年休を取らないんですよ。いや、取られても困るんですけど……」

　年休は、従業員のリフレッシュを促すだけでなく、企業にとっても健康的な職場をつくるチャンス。しかし、その運用を間違えると、不満やトラブルを招く原因にもなります。ここでは、年休に関する労使双方の視点と解決策について考えます。

70

## 労働者の視点：年休取得のしやすさと公平性

　ある従業員の本音です。

　「年休申請を出したら、上司から『なんで休むんだ？』って理由を聞かれて、言いにくくて結局やめました。それ以来、年休は『あってないようなもの』ですね」

　年休は、従業員にとってリフレッシュや家族との時間を過ごすための大切な制度です。しかし、職場の雰囲気や上司の態度次第で、「取りにくい」と感じることもあります。従業員が気軽に年休を取れるようにするには、次のポイントが大切です。

① 理由を求めない

　年休取得に際して「なんで休むの？」と尋ねるのは NG です。

② ルールを明確にする

　年休申請の手続や運用を事前にわかりやすく示すことで、従業員が安心して利用できます。

③ 取得推進の取り組み

　年休取得率向上キャンペーンや「年休取得推奨デー」を導入し、職場全体で年休を取りやすい環境をつくります。

## 経営者の視点：「年休？　取られると困るけど・・・」

　経営者側の本音もまた切実です。

　「年休を取られると、仕事が回らない。でも、取らないままだと申告され労基署の指導が入る。どうすればいいんだ？」

　年休取得が進まないことは、従業員にとってだけでなく、企業にとってもリスクを伴います。労働基準法では、年 5 日の年休取得義務が課されています。これを守らない場合、労基署からの指導や罰則の対象となる可能性があります。

　そこで、経営者が取り組むべきポイントは次の通りです。

① 計画的付与制度の導入

　繁忙期を避けて年休を計画的に取得させることで、業務への影響を最小限に抑えられます。労働基準法で義務づけられている年休のうち5日を超える部分については、計画的付与制度を活用することで、従業員の休暇取得率を高めつつ、職場のスムーズな運営を図ることが可能です。

② 年休取得状況のモニタリング

　従業員の取得状況を定期的に確認し、必要に応じて上司からのフォローを行います。

③ 業務の効率化

　業務を分担しやすくすることで、年休取得の際の負担を軽減します。

## 両者の視点を踏まえた解決策

　年休に関するトラブルを防ぐには、労使双方が柔軟な姿勢で話し合うことが重要です。従業員のライフスタイルに配慮しつつ、業務への影響を最小限に抑えるための仕組みを整えることで、双方が納得できる運用が実現します。

　また、年休取得のルールやプロセスを従業員全員にわかりやすく周知し、定期的にその運用状況を見直すことが必要です。

## 年休対応の重要性

　年休対応を適切に行うことは、従業員の満足度や職場の信頼感を高めるうえで欠かせない取り組みです。次の効果が期待されます。

① 従業員のリフレッシュ効果

　年休取得が促進されることで、従業員が心身をリフレッシュし、仕事への意欲や生産性が向上する。

② 職場の公平性と信頼感の向上

　年休取得が適切に運用されることで、従業員間の不公平感が解消され、職場全体の信頼感が強まる。

③ 法的リスクの回避

　労働基準法を遵守し、トラブルや指導のリスクを未然に防ぐ。年休は、従業員の健康を守り、企業の持続可能な成長を支える重要な要素です。労使が協力して年休運用の仕組みを整えることで、健全で働きやすい職場を実現しましょう。

# 7　賃金減額に対する対応

　「給料が減る!?」その一言が、職場に嵐を巻き起こす。

　賃金減額の話が職場に出ると、そこに流れる空気は一変します。「どうして？」「それって違法じゃないの？」「自分の生活はどうなる？」——従業員の頭に次々と疑問と不安が湧き上がります。

　賃金は従業員にとって生活そのもの。それが減るとなれば、心理的な負担は計り知れません。

　一方、経営者にとっても、賃金の見直しは苦渋の決断です。「このままでは会社が持たない。でも、従業員にどう説明すれば納得してもらえるのか……」と頭を抱える場面も少なくありません。

　このテーマは非常にデリケートで、対応を誤れば職場全体が不信感と混乱に包まれる可能性があります。そこで、労使双方の視点を踏まえながら、賃金減額をめぐるトラブルをどう防ぐかを考えていきます。

**労働者の視点：納得できなければ、不満しか残らない**

　ある従業員がこう語ります。

「突然、『給料を減らします』って言われたんです。でも理由がよくわからないし、説明も不十分。生活どうしようって不安ばかりが募ります」

賃金が減るという事実そのものは、従業員にとって大きなショックです。さらに、減額の理由やプロセスが不透明であれば、不信感は一気に高まり、トラブルの火種になります。

従業員が納得できるためには、まず説明の透明性が欠かせません。「業績が悪化しているから」だけではなく、「具体的に何が問題で、どう改善していくのか」を丁寧に伝える必要があります。

さらに、「減額は一時的なのか」「どのくらいの期間続くのか」など、将来の見通しを示すことも重要です。加えて、1人ひとりの状況を考慮し、個別面談でフォローすることが信頼関係を築く鍵になります。

### 経営者の視点：売上が下がったんだから、仕方がない では済まされない

経営者にとって、賃金の減額は避けたい選択肢ではあるものの、業績悪化の中で「これ以上の支出は難しい」と感じる場面も少なくありません。しかし、「売上が下がったんだから、仕方がない」という言葉で済ませてしまうと、重大なリスクを招くことになります。

従業員にとって賃金は生活の基盤であり、減額が一方的に行われれば不満や不信感が高まり、職場の雰囲気が悪化するだけでなく、法的な問題にも発展しかねません。

実際、労働契約法第8条では、労働条件を不利益に変更する際には合理的な理由が必要であり、さらに従業員の同意が求められるとされています。つまり、経営者が「決めたことだから」と一方的に進めることは許されず、慎重なプロセスが求められるのです。

## 両者の視点を踏まえた解決策

　賃金減額を避けられない状況でも、経営者がその責任を明確に示し、適切に対応することで信頼を深めることができます。

　ある企業では、減額を行う前に役員報酬を削減し、経営陣自らがコスト削減に取り組む姿勢を示しました。さらに、意見交換会を通じて従業員の声を直接聞きながら、代替案の提案や減額対象の調整を行った結果、従業員の不満が最小限に抑えられ、職場全体の結束が強まったといいます。

　このように、経営陣が「経営悪化は経営者の責任である」という姿勢を明確に打ち出すことで、従業員の信頼を得ることができ、組織全体が一丸となって課題解決に向けて動き出します。

## 賃金減額対応の重要性

　賃金減額は、従業員の生活に直接影響を与えるだけでなく、職場全体の信頼感にも大きな影響を及ぼします。しかし、対応の際に透明性、公正性、そして 対話を重視することで、トラブルを防ぎ、むしろ信頼関係を築くきっかけにすることが不可欠です。

　「給料が減額される」という厳しい状況を、「職場全体で状況を共有し、協力しながら改善を目指す機会」として捉える視点を持ち、慎重かつ丁寧に対応することが、企業の持続的な成長を支える重要な要素となるのです。

# 8　解雇に対する対応

　「今日から来なくていいよ」——その一言が招いた裁判劇！

　ある日、Ａ社の営業部で事件が起きました。部長が突然、従業員の１人にこう告げたのです。「君、最近成績も悪いし態度も問題だ。

今日で終わりにしてくれ」

　その従業員は驚きと怒りで反論しました。「こんなに急に解雇されても納得できません！　今月の家賃も払えなくなる！」しかし、部長は「決定事項だ」と一方的に話を終わらせました。

　この解雇に納得できないＢさんは弁護士を通じてＡ社を提訴し、裁判となりました。結果、裁判所は「解雇理由が不明確で手続も不十分」としてＡ社の対応を不当解雇と判断。Ａ社は多額の解決金を支払う結果となりました。

　解雇は従業員にとって生活基盤を失う重大な出来事であり、企業にとっても慎重な対応が求められるテーマです。この事例は、不適切な解雇が法的・経済的リスクを伴うだけでなく、企業イメージを大きく損なう危険性を示しています。ここでは、解雇をめぐる課題とその対応策について説明しています。


**労働者の視点：理由がわからなければ、納得できない**

　解雇を通告された従業員が最初に抱く感情は、「なぜ自分が？」です。理由が明確でなかったり、手続が曖昧だと、不当解雇だと感じるのは当然です。Ａ社のケースでも、部長が理由を十分に説明せず、一方的に解雇を通告したことが問題をさらに深刻化させました。従業員が納得するには、次の点が重要です。

① 解雇理由の明確化

　なぜその決定に至ったのかを具体的に説明する。

② 背景や経緯の共有

　経営の事情や業績、従業員の行動履歴などを透明性を持って伝えることで、理解を促す。

③ 転職活動への支援

　転職先を探す支援やアドバイスを行うことで、従業員の負担を軽

第3章　労使の両方の視点に立った労使トラブル円満解決テクニックその①

減する。適切な説明とフォローを行うことで、従業員の反発を抑え、摩擦を最小限にすることが不可欠です。

**経営者の視点：慎重と冷静さが争いを軽減する鍵**

　経営者が解雇を決断する際、感情が先行するケースが少なくありません。「もう我慢の限界だ」「この状況では解雇しかない」という強い思いが先走り、即断即決してしまうことがあります。しかし、そのような行動は非常に危険です。解雇は法的にも、社会的にも、慎重に進めなければならないテーマです。

　労働契約法や労働基準法では、「客観的に合理的な理由」と「社会通念上の相当性」が解雇の正当性として求められています。この条件を満たさない場合、解雇は無効とされ、不当解雇として訴訟リスクを抱えることになります。

　また、解雇が適切でなければ、職場の信頼感を損ない、従業員全体のモチベーションが低下する可能性もあります。

**・事前の警告と改善の機会**

　解雇を実施する前に、従業員に対して問題点を明示し、改善のための十分な機会を与えることが重要です。特に、能力不足や態度不良が理由の場合、具体的な指導記録や改善指示を残しておくことで、正当性を担保できます。

**・適切な手続きの遵守**

　解雇を実施する際には、就業規則や労働契約に基づき、適切な手続を踏むことが不可欠です。

　事前に予告期間を確保し、解雇予告手当を支払うなど、法的な要件を満たす必要があります。

　さらに、解雇理由を明確にし、従業員への説明を丁寧に行うことで、不当解雇とならないよう慎重に対応することが重要です。

77

### ・法的リスクの評価

　解雇が不当解雇と見なされるリスクを回避するため、社会保険労務士や弁護士など専門家の意見を求め、慎重に進めることが求められます。

### 両者の視点を踏まえた解決策

　解雇は最後の手段とし、それ以外の解決策を検討することが重要です。たとえば、業務内容の変更や配置転換、希望退職の募集など、解雇を回避する努力を尽くす姿勢が必要です。

　また、解雇の決定に至った場合は、経営側と従業員の双方が対話を重ね、可能な限り納得感を得られる形で進めることが大切です。

### 解雇回避努力義務の重要性

　解雇は一時的な問題解決に見えるかもしれませんが、根本的なトラブルの解決には至りません。むしろ、事態をさらに悪化させるリスクがあります。企業は解雇以外の代替策を模索し、問題の根本原因に向き合うことが重要です。

# 9　雇い止めや契約更新に対する対応

　「次の契約は更新しません」——突然このように告げられたらどう感じるでしょうか？　驚き、不安、さらには怒りを感じるかもしれません。有期雇用の従業員にとって、雇い止めの通告は生活基盤を脅かされる重大な出来事です。

　実際、雇い止めトラブルの多くは、企業側の「準備不足」や「伝え方の問題」が原因で発生しています。契約更新や雇い止めに関するルールが曖昧だったり、従業員とのコミュニケーションが不足し

ている場合、トラブルに発展しやすくなるのです。

## 労働者の視点：雇用の未来が見えない不安感

契約社員のＡさんが語ってくれたエピソードです。

「今回も当然、契約更新されると思っていました。会社からは何の話もなく、契約期間満了のわずか1週間前に『今回は更新しません』って突然言われました。急にそんなこと言われても、次の仕事が見つかるまでどうすればいいのか…。会社は私たちのことをどう考えているのでしょうか？」

このように、契約更新や雇い止めが唐突に伝えられると、従業員は将来の見通しを失い、不満を募らせるのは当然です。「自分は会社にとってどんな存在なのか？」という疑念を抱かせることは、職場全体の士気を低下させる引き金にもなります。

## 経営者の視点：ルールを守らなければ、後々大きなリスクに

一方、経営者側にも事情があります。業績悪化や業務縮小で、やむを得ず雇い止めを選択しなければならない場合もあるでしょう。

しかし、その対応が法的に不適切であれば、後々取り返しのつかないトラブルへと発展する可能性があります。

たとえば、契約が更新され続けた従業員に対し、「もう契約は更新しない」と一方的に通告した場合、裁判で「更新が当然と受け取られる状況だった」と判断され、雇い止めが無効になることもあります。

## 雇い止めや契約更新における具体的なポイント

雇い止めや契約更新のトラブルを防ぐため、次のポイントを押さえることが重要です。

① 事前通知の徹底

　3回以上契約が更新されている場合や1年を超えて継続勤務している人については、契約を更新しない場合、使用者は少なくとも30日前までに予告することが求められます。

② 契約内容の明確化

　契約書に契約期間や更新の条件を明確に記載し、従業員に説明を行うことで、トラブルの発生を防ぎます。また、契約更新時には内容の見直しを行い、双方の同意を得ることが必要です。

③ 合理的な理由の提示

　有期労働契約を更新せずに契約期間満了で終了させる場合でも、

(i) 過去に反復更新されており、労働者が雇用の継続を期待する合理的な理由がある場合。

(ii) 契約更新の際に「無期雇用」と同様の期待が持てるような状況である場合には、合理的な理由なく雇い止めを行うことは「解雇」と同様に無効とされる可能性があります（労働契約法第19条）。そのため、雇い止めを行う際には、勤務態度の問題、能力不足、業績悪化、業務縮小など、客観的かつ合理的な理由を提示することが求められます。従業員にとって納得感を得られる説明を行うことが重要です。

④無期雇用転換ルールの適用

　有期労働契約が通算5年を超えた場合、労働者が申し出ることで無期雇用契約に転換できる「無期転換ルール」が導入されています。このルールは、長期間にわたる不安定な雇用を防ぎ、労働者の雇用安定を図るためのものです。企業側はこの制度を正しく理解し、無期転換の対象となる従業員に対し、契約期間や申し出の手続について事前に周知し、適切な対応を行うことが求められます。

　無期転換を回避する目的で契約期間満了前に雇い止めを行うと、

第3章　労使の両方の視点に立った労使トラブル円満解決テクニックその①

法的リスクが生じる可能性があるため、慎重な対応が必要です。

## 両者の視点を踏まえた解決策

　雇い止めや契約更新に関するトラブルを防ぐためには、企業側が透明性と公平性を重視し、従業員とのコミュニケーションを密にすることが不可欠です。

　また、従業員が不安を感じることのないよう、契約期間中に定期的な面談を実施し、雇用継続の可能性や今後の方針について話し合う場を設けると効果的です。これにより、従業員は将来の見通しを持つことができ、トラブルの芽を摘むことができます。

　雇い止めや契約更新は、労使関係における重要な転換点です。慎重かつ丁寧な対応を心がけることで、労使間の信頼関係を維持し、トラブルを未然に防ぎましょう。

## 契約更新の重要性

　雇い止めや契約更新は、従業員の人生に大きな影響を与える重要な分岐点です。これを単なる「手続」として処理するのではなく、相手の立場に配慮し、どのように寄り添うかを考えることが、労使関係をよりよくする鍵となります。

# 10　転勤に関する対応

　「来月から地方支社へ異動だから、よろしくね！」──もし突然こんな通告を受けたら、どう感じるでしょうか？　驚き、戸惑い、そして「なんで自分が？」と不満を抱く人も少なくないでしょう。

　これは、転勤を命じられた従業員が抱く典型的な感情です。転勤は、企業にとって業務を効率化し、人材を最適に活用するための重

要な施策です。

　しかし、その一方で、従業員にとっては生活環境の大きな変化を伴い、ときに家庭や健康に影響を及ぼすデリケートな問題でもあります。不適切な対応は、不信感やモチベーションの低下を招き、労使トラブルの火種となりかねません。

　では、どうすれば「負担」ではなく「納得」の転勤に変えられるのでしょうか？

**労働者の視点：生活を変えるのは簡単じゃない**

　「転勤って、会社にとっては調整の一環でも、私たちにとっては生活全体の問題なんです」と、ある従業員が語ってくれました。

　家庭の事情、子どもの教育、介護など、従業員にはさまざまな事情があります。それにも関わらず、突然の転勤を命じられると、「会社は自分のことを全然考えていない」と感じるのは当然のことです。

　たとえば、こんなケースがあります。

　Ｂさんが突然、遠方の支社へ転勤を命じられました。「小さな子どもがいるのに、どうして転勤しなきゃならないのか…」。結局、転勤に伴う負担が大きすぎて辞めざるを得なくなったのです。

　このような事例は、従業員だけでなく、貴重な人材を失う企業にとっても大きな損失です。だからこそ、転勤の際には、次のような対応が求められます。

- 理由と目的の丁寧な説明：なぜこの転勤が必要なのかを伝えることで、従業員の納得感を得る。
- 従業員の事情への配慮：たとえば、育児や介護を理由に転勤が難しい場合、柔軟な対応を検討する。
- サポート体制の整備：引っ越し費用の補助や住居の手配、生活相談窓口の設置など、環境適応を支援する仕組みが重要です。

## 経営者の視点：転勤が必要なら、説明責任も必要

　企業側にとって、転勤は「業務上の必要性」が最優先です。しかし、これを従業員に一方的に押し付ける形で進めると、信頼を失いかねません。特に、「なぜ自分が転勤なのか」が不明確なままだと、従業員の不満は倍増します。

　経営者が注意すべきポイントは次の通りです。

① 業務上の必要性を具体的に示す

　「人手不足だから」ではなく、「この支社の新プロジェクトを成功させるためにあなたのスキルが必要」といった具体的な理由を伝えましょう。

② 合理的な範囲を守る

　転勤による負担が過度にならないよう配慮することが重要です。たとえば、遠方への転勤の場合、家族の同伴や住居支援の有無を検討することが求められます。

③ ルールの明文化

　就業規則に転勤のルールを明記し、従業員に周知することでトラブルを未然に防ぎます。


## 両者の視点を踏まえた解決策

　転勤のトラブルを防ぐためには、「事前のコミュニケーション」と「柔軟な対応」が鍵です。従業員と話し合いの場を設け、次のようなポイントを抑えましょう。

• 転勤の目的や方針をわかりやすく説明する。
• 従業員の事情や意見を把握し、可能な範囲で配慮する。
• 転勤に伴う負担を軽減するためのサポートを具体的に提供する。
• 転勤後のキャリアや評価制度についても伝える。
• 定期的にフォローアップを行い、不安や課題を早期に解決する。

### 「準備と配慮ある転勤」で信頼を築く

　転勤は、企業にとって業務調整の一環かもしれませんが、従業員にとっては生活を大きく揺るがす重大な出来事です。だからこそ、「突然の転勤命令」で信頼を失うのではなく、事前の準備や従業員の事情への配慮を徹底することで、転勤を信頼を強める機会に変えることが重要です。

　このような対応を通じて、転勤が企業にとっても従業員にとってもポジティブな成長のチャンスに繋がるように準備と配慮を行っていきます。


### 転勤を成長の機会に変えるために

　転勤を「負担」ではなく「成長の機会」とするためには、企業と従業員が共に納得し、前向きに取り組める環境を整えることが不可欠です。

　企業は、転勤を通じて従業員がどのようなスキルを習得し、キャリアアップにつながるのかを明確に示すことで、「個人の成長」と「企業の成長」が両立する仕組みを構築する必要があります。

　また、転勤を必須としないキャリアパスの設計も重要です。

　たとえば、専門職制度の導入や勤務地限定社員の仕組みを整えることで、転勤せずとも企業に貢献できる選択肢を提供できます。

　転勤を実施する場合でも、可能な限り従業員の希望を尊重し、負担を軽減する工夫を取り入れることが不可欠です。

　最終的に、転勤の有無が従業員の離職理由とならない環境を整えることが、企業の持続的な成長につながります。

　転勤を望む人にも望まない人にも活躍の場を提供できる企業こそ、多様な人材を生かし、より強い組織を築くことができるでしょう。

84

# 第4章
## 労使の両方の視点に立った
## 労使トラブル円満解決テクニック
### その②

# 1 パワハラに対する対応

## パワハラ対応の意味

パワーハラスメント（以下、パワハラと略称）は、職場における重大な課題の1つです。被害者への影響は心身のダメージだけでなく、職場の生産性低下や企業の法的リスクにつながります。

一方で、パワハラは正しい対応を取ることで、職場環境を大きく改善するチャンスに変えることもできます。

実際、パワハラ問題の解決には、労働者と経営者の両方の視点を取り入れることが鍵となります。「職場の危機」を「成長の機会」に変えるために、どのように対応すべきかを探っていきましょう。

## パワハラの特性と6類型

厚生労働省が定義するパワハラの6類型は次頁の図表の通りですが、6類型だけに限定されるものではありません。

## パワハラ防止のための職場環境づくり

① 労働者の視点：知らないから起こるトラブル

「それってパワハラなの？」と感じたことはありませんか？　実際、パワハラに該当する行為を正確に理解している人は多くありません。その結果、悪意がないままトラブルに発展するケースも少なくありません。ルールブックや研修を通じて、パワハラの基準を明確にし、誰もが知識を持つことが第一歩です。

② 経営者の視点：トップが変える職場文化

パワハラ問題は、「トップダウンでの取り組み」が鍵です。「ハラスメントは許さない」という強い姿勢を示し、就業規則に防止策を

第4章　労使の両方の視点に立った労使トラブル円満解決テクニックその②

〔パワハラの6類型〕

| 代表的な言動の6つの類型 | 該当すると考えられる例 |
|---|---|
| ① **身体的な攻撃**<br>暴行・傷害 | ・殴打、足蹴りを行う。<br>・相手に物を投げつける。 |
| ② **精神的な攻撃**<br>脅迫・名誉毀損・侮辱・ひ<br>どい暴言 | ・人格を否定するような言動を行う。<br>・業務の遂行に必要な以上に長時間にわたる<br>　厳しい叱責を繰り返し行う。 |
| ③ **人間関係からの切り離し**<br>隔離・仲間外し・無視 | ・1人の労働者に対して同僚が集団で無視を<br>　し、職場で孤立させる。 |
| ④ **過大な要求**<br>業務上明らかに不要なこと<br>や、遂行不可能なことの強<br>制・仕事の妨害 | ・新卒採用者に対し、必要な教育を行わない<br>　まま到底対応できないレベルの業績目標を<br>　課し、達成できないことに対して厳しく叱<br>　責する。 |
| ⑤ **過小な要求**<br>業務上の合理性なく能力や<br>経験とかけ離れた程度の低<br>い仕事を命じることや仕事<br>を与えないこと | ・管理職である労働者を退職させるため、誰<br>　でも遂行可能な業務を行わせる。<br>・気に入らない労働者に対して嫌がらせのた<br>　めの仕事を与えない。 |
| ⑥ **個の侵害**<br>私的なことに過度に立ち入<br>ること | ・労働者の性的指向・性自認や病歴、不妊治<br>　療等の機微な個人情報について、当該労働<br>　者の了解を得ずに他の労働者に暴露する。 |

出所：（厚生労働省の資料より抜粋）

明記するだけでなく、具体的な行動で信頼を築くことが重要です。

　たとえば、「部下に感謝を伝える」姿を管理職が見せるだけでも、職場の雰囲気は大きく変わるものです。

## 迅速な対応と公正な事実確認

① 労働者の視点：安心して相談できる職場へ

　被害者が「相談したら逆に孤立するかもしれない」と感じる環境では、声を上げることはできません。匿名相談制度や外部相談窓口を設け、相談のハードルを下げることが必要です。「困ったらまず

相談していいんだ」と思える職場環境は、トラブルの早期解決につながります。
② 経営者の視点：調査と対応のスピード感
　パワハラ調査では迅速性が求められますが、同時に事実確認の正確さも重要です。加害者側の言い分を聞きつつ、目撃者からの情報も慎重に集める必要があります。事実が明確になる前に処分を行うと、かえって職場の信頼を損なうことにもなりかねません。

**加害者への教育と再発防止**
① 労働者の視点：気づいていない「加害者」
　これまでパワハラ調査を行ってきた中で、驚くべきことに、多くの加害者は自分がパワハラをしているという自覚がありません。「厳しく指導しただけ」と考えている人や、「昔は自分もそう扱われてきた」という価値観が根深い場合が多いです。だからこそ、「パワハラ行為が職場全体にどれだけ悪影響を与えるか」を理解させる教育が重要です。

第4章　労使の両方の視点に立った労使トラブル円満解決テクニックその②

② 経営者の視点：懲戒と支援のバランス

　懲戒処分は行為の重大性を認識させるために必要ですが、それだけでは不十分です。加害者に再教育の機会を提供し、行動を改めるきっかけを与えることが、職場全体の公平性を保つ鍵となります。

## 被害者へのケアと職場全体の意識改革

① 労働者の視点：心理的ケアと具体的な支援

　被害者には心理的ケアだけでなく、業務環境の見直しや配置転換など、具体的な支援が必要です。復職を希望する場合には、職場全体が受け入れやすい雰囲気をつくることが重要です。

② 経営者の視点：被害者が安心できる職場づくり

　被害者が安全で安心して働ける環境を整えるため、適切な異動やカウンセリングの提案など、柔軟な対応を行います。被害者の声に耳を傾け、職場の信頼回復に努める姿勢が求められます。

## 職場全体での解決策と成長

　「パワハラ問題は、加害者と被害者だけの問題ではありません！」これは、私が数多くの職場トラブルに関わってきた中で感じた最も重要な教訓です。実際、問題を静観する同僚たちや、沈黙を貫く組織文化そのものが、パワハラを助長していることも少なくありません。だからこそ、解決には職場全体で協力する意識が欠かせないのです。

　たとえば、職場全体で「ハラスメント防止デー」を設けたり、定期的に全従業員が参加する研修を行ったりするだけでも、意識が大きく変わります。

　「問題を共有し、解決を協力し合う」姿勢が、職場を健全で成長する環境へと変える第一歩です。

## 2　セクハラに対する対応

### 職場の健全性を守るために

　「その服装は色っぽくていいね」「君のそういうところ、俺好みだよ」──職場で、ある男性上司が女性部下に繰り返していた冗談めいた発言です。

　この上司は「ただの冗談だよ」と主張していましたが、女性部下は次第に不快感を募らせ、精神的に追い詰められて退職を余儀なくされました。

　この事例は、職場内で何気なく発せられる一言がどれだけ大きなダメージを与えるかを如実に物語っています。

　「冗談のつもりだったんだよ」──加害者はそう思っていたとしても、被害者にとっては全く違います。セクシュアルハラスメント（以下、セクハラと略称）は、職場環境を一瞬で壊すだけでなく、被害者に深刻な精神的負担を与え、企業全体にも大きな信用低下や法的リスクをもたらす大問題です。

　裁判所は加害者側の主張を退け、発言が繰り返されたことによる被害者の精神的苦痛を重く見て、企業に損害賠償を命じました。

### セクハラの種類と特徴

　セクハラには、大きく分けて2つのタイプがあります。まず「対価型セクハラ」とは、仕事上の利益を条件に不適切な要求を行うもので、たとえば上司が「昇進のためにデートをしてほしい」と持ちかけるようなケースが挙げられます。

　一方、「環境型セクハラ」は、職場の雰囲気そのものが不快な環境をつくり出すものです。たとえば、職場で性的な冗談を頻繁に言

第4章　労使の両方の視点に立った労使トラブル円満解決テクニックその②

う、視覚的に不快なポスターや画像を掲示するといった行為が該当します。これらは被害者個人だけでなく、職場全体の士気を低下させる大きな要因となります。

**労働者の視点：被害者への迅速な支援**

「相談したら報復されるかも…」と恐れる被害者が、声を上げられない職場では、問題は解決どころか悪化します。

被害者が安心して相談できる窓口を整えることが最初の一歩です。内部窓口だけでなく、外部の第三者機関を利用可能にすることで、中立的な視点からの対応が可能になります。

また、経営者は、被害者の声を軽視することなく誠実に向き合う必要があります。たとえば、業務配置の見直しやカウンセリングの提供など、被害者が安心して働ける環境を整えることが求められます。

**経営者の視点：セクハラ防止のための職場環境づくり**

セクハラを未然に防ぐためには、職場全体での意識改革が必要で

す。従業員1人ひとりが「何がセクハラに該当するのか」を正しく理解することが重要であり、そのために定期的な研修やセミナーを実施します。

　また、経営者は社内規則にセクハラ防止ポリシーを明記し、違反時の具体的な処分内容を周知することで抑止力を高めることが求められます。

　このような取り組みによって、従業員全体がセクハラのリスクを共有し、安心して働ける環境をつくり上げることが可能になります。

## 両者の視点を踏まえた解決策

　セクハラの事実が疑われる場合には、公正で偏りのない調査を行うことが必要です。被害者のプライバシーを守りながら、第三者の視点を取り入れた調査を進めることで、信頼性の高い対応が実現します。

　一方で、加害者には行為の重大さを認識させるとともに、必要に応じて懲戒処分や配置転換を実施します。

　また、再発防止のための教育プログラムを受講させることで、加害者が適切な行動を取れるよう支援することも重要です。

## セクハラ防止を職場の成長へ

　セクハラ問題は、被害者と加害者の対立だけでなく、職場全体の文化やコミュニケーションの在り方が背景にある場合が少なくありません。

　労使双方が協力し、問題解決に向けて取り組むことで、職場環境をより健全で生産的なものへと変えることができます。

　セクハラ防止を契機に、職場全体が成長し、企業としての信頼性と価値を高めていくことを目指しましょう。

第4章　労使の両方の視点に立った労使トラブル円満解決テクニックその②

# 3　横領に対する対応

## 信頼が揺らぐ瞬間、どう向き合うか

　「まさか、あの人が…」──信頼していた従業員による横領が発覚したとき、経営者のショックと失望は非常に大きいものです。

　横領は職場の信頼を一気に揺るがす行為であり、経営者に「怒り」と「裏切られた」という感情を抱かせるだけでなく、職場全体の士気低下にもつながります。

　一方で、横領を犯した従業員自身も罪悪感や恐れ、後悔に苦しむケースが多いです。

　たとえば、ある中小企業で経理を担当していた従業員が、小額の不正を繰り返した結果、最終的には総額数百万円に達する横領が発覚しました。経営者は即座に解雇を決断しましたが、その後の調査で従業員が多額の借金を抱え、ギャンブルにハマっていたことが判明。

　この事実を知った経営者は、「行為を見抜けなかった自分にも責任があるのではないか」と後悔し、職場環境の見直しを行いました。

## 事実確認を徹底する

　横領が疑われる場合、まず最初に行うべきは事実確認です。不確かな情報や噂をもとに行動を起こしてしまうと、問題がさらにこじれるだけでなく、誤解に基づく不当な対応となる可能性があります。

　証拠の収集や関係者への丁寧なヒアリングを通じて、客観的な状況を把握することが必要です。監視カメラの映像や帳簿の記録、目撃証言など、具体的な証拠を基に冷静な判断を下すことが求められます。

93

### 経営者の視点：感情的な対応を避ける

　経営者にとって、横領は会社や他の従業員に対する重大な裏切り行為に映ります。しかし、感情的になって厳しい言葉を浴びせたり、事実確認を行わないまま、すぐに解雇処分を決断したりすると状況は悪化する場合があります。冷静さを保ち、あくまで事実と法律、就業規則等に基づいて対応する姿勢を心がけましょう。

### 労働者の視点：本人との対話を大切にする

　横領の事実が確認された場合には、本人との直接的な話し合いを行います。この際、相手の言い分をしっかりと聞くことが重要です。

　行為の背景には、個人的な事情や職場環境の問題が隠れている場合もあります。たとえば、経済的困難や過度のストレス、不満を抱える職場風土が影響している可能性も否定できません。こうした背景を理解することで、再発防止のための具体的な対策が見えてくることがあります。

### 両者の視点を踏まえた解決策

　横領が発生する背景には、会社の管理体制の甘さが関与していることが少なくありません。たとえば、現金管理の不備や業務分担の曖昧さ、内部監査の不足などが問題を引き起こす要因となります。

　業務フローを見直し、内部統制を強化することで、再発防止の環境を整えることが重要です。

### 法的手段の検討

　横領の内容や金額によっては、法的手段を検討する必要が出てきます。ただし、法的措置はあくまで最終手段として考えるべきです。特に、金額が少額で初犯の場合には、弁済計画の提示や誓約書の作

成といった形での解決を図ることも1つの選択肢です。

　一方で、悪質な場合や再犯の場合には、毅然とした態度で法的手続きを進めることが企業の信頼維持に繋がります。

### 職場環境の改善に取り組む

　職場環境を改善するには、金銭管理の明確化やチェック体制の強化に加え、従業員のストレスケアや倫理教育の実施など、職場全体の意識向上にも努める必要があります。

　また、厳格な管理だけでなく、働きやすい環境づくりの視点を持つことが大切です。経済的な不安や精神的プレッシャーが、不正の温床となることもあります。給与体系の見直しや適正な労働環境の整備を進め、従業員が安心して働ける職場を目指しましょう。

### 円満解決を目指して

　横領は会社にとって大きな打撃となる行為ですが、その背景にはさまざまな原因が潜んでいます。単に加害者を罰するだけでなく、問題の根本にある要因を見極めることで、労使関係の修復や職場全体の成長に繋げることができます。

　横領問題の解決を契機として、信頼を取り戻し、より健全で安心できる職場環境を築くことが、企業の持続的な成長を支える鍵となります。

## 4　依存症に対する対応

### 職場での依存症問題にどう向き合うか

　「えっ、あの人が？」——普段は真面目そうに見える従業員が依存症に悩んでいると知ったとき、多くの人が驚きを隠せないでしょ

う。しかし、依存症はどの職場にも起こりうる問題であり、決して個人の問題として片付けられるものではありません。

　人が「依存」する対象は多岐にわたり、アルコール、薬物、ギャンブル、ゲーム依存などが挙げられます。これらの影響は本人だけでなく、同僚や職場全体にも広がり、業務の効率低下や信頼関係の悪化を招くことがあります。依存症は「本人の意志が弱いから」と誤解されがちですが、実際には専門的な治療が必要な「脳の病気」です。そのため、職場としてもこの問題を放置せず、適切な対応とサポートを提供する姿勢が求められます。

## 依存症への正しい理解を持つ

　依存症は、「やめたくてもやめられない」状態に陥り、自分の意思ではコントロールできなくなる病気です。大きく「物質への依存」と「プロセスへの依存」に分類されます。

　「物質への依存」は、アルコールや薬物などの依存性のある物質を繰り返し摂取することで、やめられなくなる状態を指します。

　一方、「プロセスへの依存」は、ギャンブルやゲームなど特定の行動に過度に熱中し、抜け出せなくなる状態です。

　どちらの依存も、より強い刺激を求めて行動を繰り返し、やめようとしてもやめられず、常に頭から離れないという共通の特徴があります。

　依存症は、依存している対象をやめ続けることにより「回復」することは可能ですが、完全に「治る」ものではありません。私自身、20年以上ギャンブルを断ち続けていますが、再開すれば制御できなくなるリスクがあることを理解しています。そのため、回復とは自分自身の生きづらさを解消し、依存と向き合いながら、よりよい人生を築いていくことでもあります。

こうした正しい知識を広めることで、偏見や差別を減らし、依存症者が安心して回復に向かえる環境を整えることが重要です。

このような取り組みによって、職場全体の支援意識が高まり、従業員と組織の双方が健全な労働環境を築く基盤が整います。

## 労働者の視点：問題が表面化したときの初動対応

依存症の兆候が見られた場合、問題が深刻化する前に早期対応を行うことが重要です。たとえば、ゲームにハマり従業員が夜通しゲームを続け、遅刻や欠勤が増えるケースがあります。

このような場合、行動を非難するのではなく、冷静に状況を把握する話し合いの場を設けることが必要です。

「最近、少し疲れているようですが、大丈夫ですか？」

「何か気になることや困っていることがあれば、遠慮なく教えてくださいね」

「少しお話を聞かせてもらえますか？」

このように、共感的で穏やかな言葉をかけることで、本人が安心して話せる環境をつくりましょう。特にゲーム依存の疑いがある場合、本人が問題を自覚していないことも多く、非難されることで防衛的になりやすい傾向があります。そのため、現状を理解し、何でも相談してほしいという姿勢で対応することが大切です。

また、ゲームがやめられない背景にストレスや孤独感がある場合、それを話しやすい環境を整えることも必要です。リラックスできる時間を確保したり、業務スケジュールの見直しを行うことで、根本的な要因にアプローチできます。

## 経営者の視点：本人の話を丁寧に聞く

依存症の背景には、ストレスや孤独感、家庭問題など、さまざま

な要因が隠れていることがあります。

　職場としては、本人が安心して話せる場を提供し、本音を引き出すことが重要です。「どんなことでも話していい」というメッセージを伝えることで、本人が問題を認識し、解決に向けた第一歩を踏み出しやすくなります。

### 両者の視点を踏まえた解決策

　依存症は職場内だけで解決するのは難しい場合があります。専門的な治療や支援が必要な場合、医療機関や回復施設、カウンセリング機関、自助グループ（AA、GA など）の力を借りることを積極的に検討しましょう。

　また、必要に応じて休職制度や勤務形態の変更を提案し、治療や回復に専念できる環境を整えることも大切です。

### 職場環境の整備と再発防止策

　依存症の予防には、職場環境の整備が欠かせません。日常的にストレスを軽減できる仕組みを導入し、相談しやすい雰囲気を醸成することで、依存症に関連する問題を未然に防ぐことができます。

　具体的な対策としては、依存症に関する研修を実施し、従業員に正しい知識と理解を促すことが重要です。

### 経営者としての姿勢を示す

　依存症問題に直面した際、経営者の姿勢は職場全体に大きな影響を与えます。問題を放置せず、理解と支援の姿勢を示すことで、従業員からの信頼を得ることができます。依存症に関する正しい情報を共有し、全員で問題解決に取り組める環境をつくることが、職場の一体感を高めるポイントです。

第4章　労使の両方の視点に立った労使トラブル円満解決テクニックその②

**依存症対応が職場全体を成長させる**

　依存症問題への適切な対応は、職場全体の健全化につながります。支援を通じて職場のコミュニケーションが改善され、心理的安全性の高い環境が育まれることもあります。また、依存症への理解を深めることで、将来のトラブルを防ぐ力も強化されます。

　依存症問題を「厄介なもの」として遠ざけるのではなく、課題として正面から受け止め、解決に向けた取り組みを進めることで、職場全体の成長を促す原動力となるでしょう。その姿勢が従業員の信頼を高め、企業価値を向上させる重要な一歩となります。

# 5　問題社員に対する対応

**職場を成長させる「難題」への向き合い方**

　「またあの人か…」──問題社員が引き起こすトラブルに職場が振り回されることが続くと、疲弊感が広がります。しかし、「問題社員」とされる人の行動には何らかの背景があり、それを適切に見極め、冷静に対応することが求められるケースがあります。

　たとえば、規律を守らない、協調性を欠くといった行動が見られる場合、その背景には職場環境の不備や個人的なストレスが隠れていることが少なくありません。

　問題社員の存在を「修正すべき困り事」ではなく、「職場全体を見直すチャンス」と考えることで、組織改善のきっかけにすることができます。

**労働者の視点：問題の本質を冷静に分析する**

　感情的に対応するのではなく、まずは事実を冷静に整理することが必要です。具体的には、遅刻、業務怠慢、反抗的態度などの問題

行動をリストアップし、それが職場にどのような影響を与えているかを分析します。

　次に、その行動の背景やきっかけを探ります。たとえば、ある従業員が頻繁に遅刻する場合、単なる怠惰ではなく、家庭での介護や通勤手段の問題が関係しているケースも考えられます。

　このように、表面的な行動の裏にある原因を正確に見抜くことが、適切な解決策を見つける第一歩です。

**経営者の視点：本人との対話を重視する**

　問題行動の背景を理解するには、本人との対話が欠かせません。ただし、問い詰めるのではなく、共感的なアプローチが必要です。「なぜそんなことをしたのか？」と詰問するのではなく、「最近、何か困っていることはありますか？」といった問いかけを行い、安心して話せる環境を整えます。たとえば、業務ミスが多い従業員に対し、ただ叱るのではなく、職場の人間関係や業務の進め方について相談する場を設けた結果、本人がプレッシャーを感じていたことがわかり、業務内容の調整が解決につながった例もあります。こうした対話を通じて、問題の本質にアプローチする姿勢を持つことが重要です。

**明確なルールと期待を伝える**

　問題社員の多くは、自分に求められている基準や行動が明確でないことが原因で問題を引き起こしている場合があります。そのため、具体的な行動指針や目標を明確に伝え、適切に記録しておくことが効果的です。たとえば、「遅刻が3回以上続いた場合は面談を行い、勤務態度を見直します」や「報告書は毎週金曜日の10時までに提出してください」といった形で、期待する行動を具体的に伝え、システムや書面で記録することで、本人にとって改善の方向性が明確

になります。

## 両者の視点を踏まえた解決策

問題行動の改善には、具体的な目標とスケジュールを設定することが有効です。「行動改善計画書」を作成し、本人と共有することで、問題の解決に向けた具体的なステップを明確にします。たとえば、次のようなフォーマットを利用します。

- 課題：報告書の提出期限が守れない。
- 改善目標：報告書を期限の1日前までに提出する。
- アクションプラン：毎週月曜日に進捗を上司に報告する。
- スケジュール：改善期限は○月○日まで。

このような計画を通じて、本人に責任感を持たせながらも、サポートを続けることが重要です。

## 問題行動が改善されない場合

問題行動が改善されず、職場全体に悪影響を及ぼす場合、退職を勧めざるを得ないケースもあります。しかし、一方的な解雇は法的リスクが伴うため、慎重かつ計画的な対応が必要です。

退職勧奨を行う際には、本人が納得しやすい環境を整え、次のキャリアを冷静に考えられるよう配慮することが重要です。

たとえば、キャリアカウンセリングを通じて本人の希望や適性を明らかにし、再就職に向けたアドバイスやサポートを提供する支援を行うことで、本人の不安を軽減することができます。

また、適切な離職理由の記載や社会保険手続に関する情報を提供することも、安心して次の一歩を踏み出すための重要な要素です。

こうした支援を通じて、退職が本人にとって負担を最小限に抑えた形で進むよう努めることが、双方にとってよりよい結果をもたら

します。

### 「問題社員」への新たな視点

「問題社員」という表現には否定的なニュアンスが含まれており、それによって本人の状況を正しく理解できない可能性があります。問題行動の背後には、職場環境の不備や家庭での問題、過剰なストレスなど、さまざまな要因が潜んでいることが少なくありません。

私自身、かつてギャンブル依存症に苦しみ、周囲に大きな迷惑をかけた経験があります。当時、私を「問題」として切り捨てるのではなく、理解しようと努め、支え、成長の機会を与えてくれた人々の存在が、立ち直るための大きな支えとなりました。

職場においても、問題行動を示す従業員に対して、「なぜこのような行動を取ってしまうのか?」と一度立ち止まって考えることが重要です。即座に解決を期待するのではなく、「共に歩む」という長期的な視点を持つことが、従業員1人ひとりの成長と職場全体の健全化につながります。

## 6　カスハラに対する対応

### 労働者の視点:従業員を守るために会社ができること

「お客様は神様」というフレーズが長年にわたり美徳とされてきましたが、理不尽な要求や暴言を繰り返す顧客を前にしたとき、その「神様」が職場に負の影響をもたらすことは明らかです。

カスタマーハラスメント(カスハラ)は、顧客からの暴言、威圧的な態度、過剰な要求などにより、従業員に多大な心理的・身体的負担を与える深刻な問題です。この問題を放置すると、従業員の士気低下や離職率の増加、さらには企業全体の信頼低下に直結します。

企業は、「想定外を想定内にする」姿勢を持つことで、従業員が安心して働ける環境を整えることが可能です。たとえば、予測されるカスハラ事案をシミュレーションし、対応策を事前に整備することで、従業員が冷静に対応できる準備を整えることが重要です。

**経営者の視点：カスハラに対して職場の方針を明確にする**

企業として「カスハラには毅然と対応する」という明確な方針を示すことが、対応の第一歩です。この姿勢を就業規則やマニュアルに明記し、従業員に周知徹底することで、企業全体の一貫性を示します。

さらに、「想定外を想定内にする」ためには、次のような具体的な取り組みが必要です。

① 事例共有

過去のカスハラ事案を分析し、類似事例が発生した際の対応フローを明確化する。

② シミュレーション訓練

従業員が実際のカスハラ対応を模擬体験できる訓練を実施する。

たとえば、ある小売業の企業では、「暴言を受けた場合、従業員はすぐに上司に報告し、対応を中断できる」といった具体的なルールを設け、さらにシミュレーション研修を実施しました。その結果、従業員がカスハラに毅然と対応できるようになり、顧客からの理不尽な要求が減少。従業員からも「会社が守ってくれる安心感がある」という声が増え、職場の士気が向上しました。

## 両者の視点を踏まえた解決策

　従業員が冷静にカスハラに対応できるよう、アサーティブ（適切な自己主張）なコミュニケーションスキル の習得が重要です。たとえば、顧客に対して毅然とした態度を取りつつ、冷静に「お客様のご要望にはお応えできません」と伝える方法を学ぶことで、従業員は過剰なストレスを回避できます。

　また、「エスカレーションルール」を設け、次を明確にすることが効果的です。
① カスハラが発生した場合に誰に報告するのか
② どのように対応を引き継ぐのか

　さらに、カスハラ対応後のカウンセリングやストレス管理の研修を実施し、従業員のメンタルケアをサポートする体制を整えましょう。

## マニュアルの整備と具体的な対応フローの構築

　カスハラ発生時に迅速かつ適切に対応するためには、具体的なマニュアルと対応フロー の構築が欠かせません。
① 初期対応：冷静に状況を確認し、従業員が対応を中断する権限を持つ。
② 上司への報告：トラブルを速やかに上司や管理者に引き継ぐ体制を整備する。
③ 記録と再発防止：発生した事案を詳細に記録し、再発防止策を講じる。

　これらの手順を日頃から従業員に周知することで、「想定外」を「想定内」に変え、迅速かつ効果的な対応が可能になります。

　組織全体でカスハラ対応の共通認識を持ち、従業員が安心して働ける環境を整えることが、企業の持続的な成長にもつながります。

## 管理者の役割を明確にする

　管理者はカスハラ問題への対応において重要な役割を担います。トラブル発生時には迅速に介入し、従業員の心理的なダメージを最小限に抑えることが求められます。

　また、顧客に対して毅然とした態度で対応することで、企業としての基準を示し、職場全体の安心感を醸成します。

## 必要に応じて外部の力を借りる

　特に深刻なカスハラ事案が発生した場合、弁護士や社労士、警察などの外部の専門家の力を借りることも検討すべきです。

　これにより、法的リスクを回避しながら問題を適切に収束させることが可能です。

## カスハラ対応が従業員への信頼を築く

　カスハラ対応は、従業員が「会社は自分たちを守ってくれる」という信頼感を持つために重要です。この信頼感が職場の士気向上や従業員の定着率向上につながります。

　カスハラを「避けられない問題」として諦めるのではなく、想定外を想定内に変える取り組みを通じて、従業員が安心して働ける環境を築いていきましょう。

# 7　メンタル不調者への対応

## 職場の安心感を守るために

　「最近、あの人ちょっと様子が変わった気がする…」――こんな小さな気づきが、職場全体の安心感を守るための第一歩になるかもしれません。現代の職場では、人間関係のストレスやプライベート

な悩み、長時間労働などを背景に、メンタル不調を抱える従業員が増えています。この問題は個人だけでなく、同僚や上司、さらには職場全体にも影響を及ぼす繊細な課題です。

　だからこそ、1人ひとりの変化に敏感になり、迅速かつ柔軟に対応することが求められます。メンタル不調は、適切な対応を通じて、職場全体の環境改善や働きやすさを向上させるきっかけにすることができます。

## 労働者の視点：早期発見が鍵となる

　メンタル不調は初期段階での対応が肝心です。たとえば、いつも笑顔を絶やさなかった従業員が急に無口になったり、ミスや欠勤が増えたりするなど、行動や態度に小さな変化が見られる場合、それが「最初のSOS」であることも多いです。

　また、「最近積極的に話しかけてこない」「あいさつの声が小さくなった」など、些細な行動の変化にも注意を払いましょう。問題が深刻化する前に小さな異変に気づき対応することが、トラブルを未然に防ぐ鍵となります。

## 経営者の視点：本人との対話で寄り添う

　「どうしたの？　何かあった？」と詰め寄るのではなく、「最近元気がないように見えるけど、何か困っていることがあるなら話してほしいな」と優しく声をかけてみましょう。相手が安心して話せる環境をつくることが重要です。

　ただし、原因をしつこく追及したり、「頑張らなきゃダメだよ！」とプレッシャーをかけるのは逆効果。むしろ、「自分は話を聞いてもらえる存在なんだ」と思えるような聞き役に徹することが、信頼関係を築く大切な一歩となります。

## 両者の視点を踏まえた解決策

　メンタル不調の従業員に対しては、業務量や内容の調整が必要です。たとえば、短時間勤務やリモートワークを導入したり、業務内容を簡素化することで負担を軽減できます。

　また、チーム全体で業務分担を見直し、無理なく働ける環境を整えることで、従業員が職場に安心感を持てるようになります。


## 専門家の力を借りる

　メンタル不調の問題は職場内だけで解決するのが難しい場合もあります。その際は、医師やカウンセラー、EAP（従業員支援プログラム）などの専門家の力を借りましょう。

　従業員が適切な医療機関を受診できるよう情報を提供したり、通院や治療に協力する姿勢を示すことが重要です。専門家のサポートを活用することで、問題解決のスピードと効果を高めることができます。


## 丁寧な職場支援が鍵

　メンタル不調で休職した従業員が復職する際には、段階的なサポートが必要です。

　たとえば、時短勤務から始め、業務内容を少しずつ通常モードに戻す「復職プログラム」を導入することが有効です。

　また、復職した従業員が孤立しないようにするため、チーム全体でフォローアップを行い、無意識にプレッシャーを与えない環境づくりを心掛けましょう。定期的な面談を実施し、従業員の状況を確認しながら支援を続けることが大切です。

　周囲の理解を深め、復職者が安心して働ける環境をつくることが、組織全体の成長と活力向上に繋がっていきます。

### 職場全体で予防策を講じる

　「予防は治療に勝る」という言葉があるように、メンタル不調の予防に力を入れることが職場の健全化につながります。たとえば、ストレスチェック制度を活用して従業員の状態を把握し、早期にサポートを提供する。

　また、上司や同僚が本音を話しやすい風通しのよい職場をつくることや、長時間労働を抑える仕組みを整備することも重要です。

### 個人支援から職場全体の成長へ

　メンタル不調者への対応は、個人を支援するだけでなく、職場全体の健全な環境づくりにつながります。従業員が「会社は自分を支えてくれる」と感じることで、信頼関係が深まり、職場全体の安定と持続的な成長が期待できます。

　適切な対応を通じて、全員が安心して働ける環境を目指すことが、職場の健全性と生産性を高める鍵となるでしょう。

# 8　ＳＮＳや情報漏洩に関する対応

### SNS がもたらす影響

　ある日、あなたの会社名がSNSでトレンド入りしたとしましょう。それが顧客や社会に評価されるようなポジティブな話題であれば嬉しいものですが、もし従業員の不適切な投稿が原因だったらどうなるでしょうか。顧客からのクレームが殺到し、取引先との信頼関係が揺らぎ、最終的には業績にも大きな影響が出る可能性があります。実際にこうした事例は少なくなく、SNS の普及によってその影響はますます広がっています。

　SNS は「現代の井戸端会議」とも言われますが、決定的に違うの

108

はその拡散力です。何気ない1つの投稿が、たった数時間で数千人、数万人に広まり、企業の信頼を大きく損なうことがあります。この章では、SNSや情報漏洩に関するリスクを理解し、それを未然に防ぎ、万が一問題が起きた際に迅速に対応する方法について具体的に解説します。

**労働者の視点：SNS や情報漏洩のリスクとは**

　SNSや情報漏洩のリスクには、さまざまな形があります。たとえば、従業員が上司や会社に対する不満を投稿した場合、それが社外に漏れると企業イメージの低下を招きます。

　また、従業員が業務上の情報を無意識にSNSに投稿し、その中に機密情報が含まれていた場合、それが競合他社に知られてしまう危険性もあります。

　さらに、炎上が拡大し、企業全体が社会的批判を受けるケースも珍しくありません。

　これらのリスクは、対応を誤ると企業の存続にも関わる大きな問題となるため、決して軽視することはできません。

**経営者の視点：社内ルールを明確化する**

　こうしたリスクを防ぐためには、従業員がSNSや情報管理においてどのように行動すべきかを明確にする必要があります。

　まず、SNSの利用に関するポリシーを策定し、業務中の利用を控

えることや、顧客や同僚に対するネガティブな投稿を避けることを従業員に徹底することが大切です。

また、機密情報や写真の投稿を禁止するルールを定め、従業員全員にしっかりと周知することで、ルール違反を未然に防ぐ仕組みを整えましょう。

これらの内容を就業規則や社内ルールブックに記載することで、具体的な指針として従業員が迷わず行動できるようになります。従業員が SNS や情報管理において適切な行動を取れるよう、次のようなルールを整備し、明確に伝えます。

## 問題発生時の迅速な対応

万が一、問題が発生した場合は、迅速かつ適切な対応が被害拡大を防ぐ鍵となります。

まず、投稿内容や情報漏洩の範囲をすぐに確認し、問題の全容を把握することが最優先です。その後、上司や法務担当者、場合によっては外部の危機管理専門家に報告し、対応策を協議します。

問題の投稿がSNS上で拡散されている場合には、削除依頼を行い、被害者や関係者に対して迅速に謝罪を行うことで信頼回復に努めます。また、トラブルの規模に応じて、顧客や取引先に適切な情報を開示することも検討すべきです。

## 両者の視点を踏まえた解決策

問題が解決した後は、再発を防ぐための取り組みを行うことが重要です。ルールやポリシーの見直しを行い、今回のトラブルを教訓に改善策を講じます。

また、従業員が SNS で不満を発信する代わりに、上司や相談窓口に直接意見を伝えられるよう、職場のコミュニケーション環境を

整えることも再発防止につながります。

　こうした取り組みを継続することで、従業員と会社の信頼関係を強化し、トラブルのリスクを大幅に減らすことができます。問題が解決した後は、再発防止のための取り組みを行います。

### 信頼を築くリスク管理

　SNSや情報漏洩に関するトラブルは、企業にとって大きなリスクである一方、適切なルールと教育、そして迅速な対応を徹底すれば、リスクを最小限に抑えることが可能です。

　「問題が起きないこと」を目指すだけでなく、万が一の際にも冷静に対処できる仕組みを持つことで、従業員が安心して働ける環境をつくることができます。こうした取り組みを積み重ねることで、企業としての信頼をより一層高めていきましょう。

# 9　外国人労働者に対する対応

### 外国人労働者の影響

　日本は少子高齢化により労働力不足が深刻化しており、外国人労働者の雇用は重要な選択肢となっています。彼らは新しい視点やスキルをもたらす貴重な戦力ですが、文化や言語の違いから労使トラブルが発生するリスクもあります。

　外国人労働者が安心して働き、その能力を最大限発揮できる職場環境を整えることは、企業の成長を支える重要な課題です。

　適切なサポート体制を整え、双方の理解を深めることが求められます。

　ここでは、外国人労働者を受け入れる上で必要な具体的対応策を解説します。

### 労働者の視点：外国人労働者に関する法令を遵守する

　外国人労働者を雇用する上で、まず必要なのは法令の正しい理解です。在留資格を確認し、雇用する業務が資格に適合しているかを確認しましょう。適切な在留資格を持っていない場合には、速やかに入国管理局へ相談することが求められます。

　また、労働条件通知書や雇用契約書は、相手が理解できる母国語または簡潔な日本語で交付し、条件を明確にすることが重要です。賃金や労働時間などの基本条件は日本人と同等に適用し、公平性を保つことが信頼構築の第一歩となります。

### 経営者の視点：言語の壁を乗り越える

　言語の違いは、外国人労働者にとって働く上での大きな障害です。この壁を取り除くためには、業務マニュアルや就業規則を母国語で用意したり、簡単な日本語で説明する努力が必要です。専門用語や難解な表現を避け、わかりやすく伝えることが、円滑なコミュニケーションの鍵となります。

　また、通訳を介したり、翻訳アプリを活用することで、日常業務の中でのスムーズな意思疎通を図ることができます。外国人労働者が職場で円滑に働けるよう、言語の壁を克服するための工夫が必要です。

### 両者の視点を踏まえた解決策

　外国人労働者と接する際には、彼らの文化的背景を理解し尊重する姿勢が欠かせません。たとえば、仕事に対する価値観やコミュニケーションのスタイルは、国や地域によって大きく異なります。

　これらの違いを否定せず、むしろ職場の多様性を強みに変える視点が必要です。社内で彼らの文化や習慣について学ぶ機会を設ける

ことで、相互理解が深まり、チーム全体の結束力も高まるでしょう。

## コミュニケーションを深める

　外国人労働者が職場で孤立しないよう、積極的にコミュニケーションを図ることが重要です。定期的な面談を実施し、不安や悩みを自由に話せる場を提供しましょう。

　さらに、チーム活動や職場のイベントに積極的に参加できる環境をつくることで、彼らが職場の一員としての役割を感じられるようになります。

　また、日本語を学びたい外国人労働者には、教材の提供や日本語教室の参加を支援することで、より深い職場定着が期待できます。

## 生活支援で安心を提供する

　外国人労働者にとって、日本での生活は慣れないことばかりです。住居の手配や銀行口座の開設、行政手続のサポートを行うことで、日常生活の不安を軽減することができます。

　また、日本の医療機関の利用方法を説明したり、職場での健康診断を実施することで、健康面での安心も提供できます。こうした支援は彼らのモチベーション向上にもつながります。

## 差別や偏見をなくす職場風土の構築

　外国人労働者が不当な扱いや差別を受けることがないよう、公平で多様性を尊重する職場を築くことが重要です。多様性や人権について啓発活動を行い、すべての従業員が外国人労働者を対等に尊重できる環境を整えましょう。

　また、差別や偏見に直面した場合に相談できる窓口を設置することで、安心感を提供することができます。

**外国人労働者対応が企業の成長を後押しする**

外国人労働者との適切な関係構築は、職場の多様性を高め、新たな発想やスキルを取り入れる絶好の機会です。彼らが職場に貢献できる環境を整えることで、企業全体の生産性や従業員満足度の向上につながります。

多様性を強みに変え、共に成長できる職場を目指しましょう。

# 10　内部告発への対応

**内部告発は組織の「SOS」**

ある日、従業員から「職場で不正が行われている」と告発を受けたら、あなたはどう対応するでしょうか。

内部告発は、組織にとって一見ネガティブな印象を与える出来事かもしれません。しかし、それは職場で何かが機能していないという「SOS」のサインでもあります。このサインに適切に対応することで、企業の透明性や健全性を向上させる絶好の機会に変えることができます。

内部告発の背景には、不正行為やハラスメント、規則違反などの問題が隠されている場合が多くあります。また、信頼できる相談窓口がなかったり、意見を言いにくい職場環境が原因で、従業員が外部に通報せざるを得ない状況に追い込まれることも少なくありません。

こうした問題を放置すれば、企業の信頼や存続そのものが脅かされるリスクがあります。

内部告発を「不正の暴露」と捉えるのではなく、「企業の本来あるべき姿を取り戻すための機会」として捉えることが、これからの企業には求められているのです。

114

## 内部告発の通報先と適切な対応

　内部告発は、社内の相談窓口に報告されるだけでなく、マスコミや行政機関に直接通報されるケースもあります。

　特に、企業が不正を隠蔽しようとした場合や、従業員が社内での解決を諦めた場合には、新聞社やテレビ局などのメディアに情報を提供したり、労働基準監督署、公正取引委員会、消費者庁などの行政機関に告発することがあります。

　こうした内部告発が新聞やテレビで報道されると、企業の社会的信用は大きく揺らぎ、消費者や取引先からの取引停止といった重大な影響を受ける可能性があります。そのため、企業は外部に情報が漏れる前に、従業員が安心して社内で相談できる環境を整えることが重要です。

## 労働者の視点：内部告発への冷静で公正な対応

　内部告発が発生した場合、まず重要なのは感情的にならず、冷静に対応することです。告発内容を受理したら、記録をしっかりと取り、事実関係を丁寧に確認します。たとえ匿名であっても、告発者が安心して通報できる環境を維持することが大切です。調査にあたっては、証拠を集め、関係者への聞き取りを慎重に行い、推測や憶測で結論を出さないようにします。

　問題が確認された場合には、速やかに是正措置を講じ、不正行為を根本から排除する取り組みが必要です。必要に応じて法的手続や外部機関との連携も検討します。

　また、告発者に対しては、報復や差別的な扱いを防ぎ、精神的なサポートを含めたフォローアップを行うことで、公平で信頼できる環境を整えることが重要です。これにより、内部告発が組織全体の透明性や信頼性向上につながる環境を醸成することができます。

115

### 経営者の視点：内部告発窓口で安心を提供

　従業員が安心して問題を相談できる環境を整えることが、内部告発を未然に防ぐ第一歩です。匿名性を確保した内部通報窓口を設け、必要に応じて外部機関や弁護士に運営を委託することで、公正性と信頼性を高めることができます。

　さらに、窓口を時間や場所を問わず利用できるよう、従業員が気軽にアクセスできる体制を構築することが重要です。

### 両者の視点を踏まえた解決策

　告発そのものを減らすには、職場の透明性を高める取り組みが欠かせません。定期的な監査を行い、コンプライアンス体制を見直すことで、問題が発生しにくい環境をつくることができます。

　また、従業員が日常的に問題を報告しやすい職場風土を育てるため、上司との定期的な対話やオープンなコミュニケーションを促進しましょう。意見を言いやすい環境が整えば、問題は内部で解決でき、外部への告発を防ぐことが可能になります。

### 告発者保護が信頼を築く

　内部告発者は、組織にとってリスクを知らせる「内部監査員」のような存在です。その告発が会社の改善に繋がるのであれば、告発者を保護することは当然の義務といえます。

　法律では「公益通報者保護法」により、正当な通報を行った労働者に対し、解雇や降格、減給、退職金の不支給などの不利益な取り扱いは禁止されています。

　企業は、この法律を遵守し、不利益な取り扱いを防ぐ明確なルールを整備し、通報者が安心して通報できるよう支援することが求められます。

さらに、告発内容をもとに、再発防止策を講じ、組織の改善点を洗い出すプロセスを通じて、他の従業員からの信頼も高まります。

## 内部告発を職場改善のチャンスに

内部告発は、組織の問題点を明らかにする「貴重な機会」でもあります。その対応が適切であれば、従業員からの信頼を得るだけでなく、職場の健全性や透明性を大きく向上させることができます。

一方で、対応が不適切であれば、他の従業員にも「声を上げても無駄だ」というメッセージを送る結果となり、信頼を失う可能性があります。問題を否定的に捉えず、組織の成長につなげる姿勢を持つことが、内部告発への最善の対応です。

## 内部告発への取り組みが未来を拓く

企業にとって、内部告発への対応は単なるリスクマネジメントではありません。それは、健全で透明性の高い組織を築き、従業員全員が安心して働ける環境をつくるための重要なプロセスです。

問題が表面化した際には、冷静かつ迅速に対応し、再発防止策を徹底することで、職場全体の信頼が高まります。

内部告発を「組織の声」として受け止め、それを改善の糧とすることで、企業としての成長を目指していきましょう。

## 企業文化の醸成と未然防止策

内部告発の健全な運用には、経営陣の姿勢も大きく影響します。トップマネジメントが率先して「不正を見逃さない」「問題を指摘することは会社の成長につながる」というメッセージを発信し続けることが大切です。

また、管理職にも適切な対応方法を教育し、告発に対して公正な

態度を取るよう徹底することで、組織全体の信頼感を高めることができます。これにより、内部通報制度が形骸化することなく、実際に機能する仕組みとして根付いていくのです。

**内部告発を企業成長の原動力に**

　内部告発者を「会社への裏切り」と捉えてしまうと、問題の本質が見えにくくなり、根本的な改善の機会を逃してしまいます。

　内部告発を行う従業員は、「この組織をよりよくしたい」という思いを持ち、相当な覚悟をもって行動している場合があります。

　企業は、内部告発を「問題視する」のではなく、「組織をよりよくするための貴重な意見」として積極的に活用する姿勢を持つ必要があります。

　こうした文化が根付けば、従業員が安心して働ける職場となり、結果として企業の競争力向上にもつながるでしょう。

**内部通報制度を活かす組織文化の構築**

　これからの時代、企業には、透明性と公正さを備えた組織運営が求められます。すべての従業員が安心して意見を表明できる環境を整えることが必要です。

　内部通報制度は、単なるリスク管理の手段ではなく組織の健全性を高める仕組みです。経営層が、内部告発を正当に扱われる組織文化を醸成することが、企業に求められているのです。

# 第5章
## 労使トラブルの再発防止策

# 1 労使トラブルの本質に迫る

## 労使トラブルの背景にある根本原因と向き合う

　「またか…」と頭を抱える労使トラブル。その多くは、表面上「従業員の問題行動」や「経営側の管理不足」として現れます。しかし、それは氷山の一角に過ぎません。その下には、見えない「根本原因」が眠っています。この原因に気づき、それと向き合うことが、再発防止への第一歩です。

　労使トラブルを「困難な道」と捉えるのではなく、職場全体の改善のチャンスと捉えることが重要です。

## 表面的な症状に惑わされない

　労使トラブルは、表面に現れる問題にだけ注目すると、根本的な解決にはつながりません。たとえば、上司の指示に従わず、反抗的な態度を取る従業員がいた場合、一見すると単なる規律違反や協調性の欠如と捉えがちです。しかし、その背景には過去の職場でのパワハラ被害の経験や不当な評価への不満が隠れていることもあります。

　ただ懲戒処分で終わらせると、問題が別の形で再発するリスクがあります。同様に、経営者側にも見えない原因が潜んでいる場合があります。これまで本書で示してきた内容のように「従業員とのコミュニケーション不足」「労働条件の曖昧さ」「評価制度の不透明さ」など、構造的な問題がトラブルの温床となることも多いのです。

## 根本原因を探るためのアプローチ

　労使トラブルの根本原因を見つけるには、次のような具体的なアプローチが有効です。

① 従業員の声を聞く

個別面談や匿名アンケートを実施し、従業員が普段言えない本音を引き出します。特に、「どんな点にストレスを感じているか」「職場で改善してほしいことは何か」を聞くことが大切です。

② データ分析を行う

トラブルが頻発している部署や時間帯などの傾向を分析し、問題のパターンを把握します。労働時間の偏りや業務負担のアンバランスが根本原因になっていることもあります。

③トラブルの背景にある文化や風土を見直す

職場の文化が、トラブルを助長している場合もあります。「残業するのが当たり前」「上司に意見を言いづらい雰囲気」などの文化的要因を洗い出し、改善する努力が必要です。

### 根本原因の効果

根本原因を見つけ出すことは、時間と労力がかかる作業です。しかし、これを怠ると、表面的な改善だけで終わり、トラブルが再び起こるリスクが残ります。一度原因を見極め、対応策を講じれば、職場全体の信頼感や安心感が高まり、結果的に業績向上にもつながります。

労使トラブルの根本解決は単なる問題処理ではなく、会社全体を見直すきっかけでもあります。

## 2　意見を言いやすい環境の重要性

### 意見が言いやすい職場の重要性

「このままでは危ないのでは…」と思いつつも、誰にも伝えられず、結果的に問題が大きくなってしまった経験はありませんか？

職場で意見を言えない環境がもたらすリスクは計り知れません。実際、私がクライアント企業の従業員から相談を受ける際、「社内では言えないけれど…」と前置きしたうえで本音を打ち明ける方が少なくありません。これらの声を聞くたびに、「意見を言いにくい空気」が漂う職場の現実を痛感します。

　従業員が意見を言えない状況では、不満や問題が蓄積しやすく、最終的には大きなトラブルへと発展するリスクがあります。たとえば、日々の小さな不満が気づかれないうちに従業員のモチベーションを低下させ、離職や生産性の低下、さらには労使トラブルを引き起こすこともあります。

　一方で、意見を気軽に言える職場では、小さな問題が早期に解決し、トラブルを未然に防ぐことができます。このような職場環境では、従業員が「自分は会社に必要とされている」と実感し、エンゲージメントが向上します。

　さらに、経営者や管理職が従業員の声に耳を傾ける姿勢を示すことで、職場全体の信頼感が生まれ、組織の成長にもつながります。

第5章　労使トラブルの再発防止策

## 意見を共有する仕組みをつくる

　意見を言いやすい環境を整えるためには、次のような具体的な取り組みが効果的です。

① 定期的な個別面談

　従業員1人ひとりと向き合い、考えや悩みを聞く機会を設けます。面談では、管理職が「聞き手に徹する」ことが重要です。理想的には面談の9割以上を「聞く時間」とし、従業員の話に耳を傾けましょう。管理職が意見を押し付けるのではなく、従業員の話を受け止めることで信頼関係を築けます。

② 匿名アンケートの活用

　匿名で意見を述べられるアンケートは、直接言いにくい内容を共有する手段として有効です。また、アンケート結果を社内で共有し、改善策を提示することで、従業員に「意見が真剣に受け止められている」という安心感を与えることができます。

③ 意見交換の場を定期的に設ける

　朝礼やミーティングの雑談時間、ブレインストーミングの場など、日常的に意見を共有する場を設けましょう。これにより、従業員が意見を述べやすくなり、自由なコミュニケーションが促進されます。「どんな意見も歓迎する」という姿勢を職場全体で強調することで、発言のハードルをさらに下げることが可能です。

## 意見を「聞くだけ」で終わらせない

　従業員が意見を言いやすい環境をつくるだけでなく、その意見を「聞くだけ」で終わらせないことが重要です。意見を反映した改善策を講じ、その成果を全従業員に共有することで、従業員は「自分たちの声が組織に届いている」と実感できます。

・改善策を導入した場合、進捗状況や成果を社内で共有する。

123

・成果が上がった際には、意見を出した従業員に感謝の言葉を伝える。

　これにより、従業員は組織の一員としての責任感や満足感を持ちやすくなります。

**意見を言いやすい環境がもたらす効果**

　従業員が意見を言える環境を整えることで、次のような効果が期待できます。

① 問題の早期発見

　トラブルの兆候を早期にキャッチでき、重大な問題への発展を防ぐことができます。

② 職場の改善が進む

　実際に現場で働く従業員からの意見は、改善のヒントが詰まっています。これを取り入れることで、業務効率や職場環境の向上が期待できます。

③ 信頼関係の強化

　従業員が「自分の声が届いている」と実感することで、組織全体の信頼感が高まります。

④トラブルの未然防止

　小さな不満や問題が蓄積する前に対処できるため、トラブルを防ぎやすくなります。

**意見を言える効果**

　意見を言える環境づくりには、依存症回復のための自助グループで実践している「言いっぱなし・聞きっぱなし」が参考になります。参加者が自分の経験や思いを語り、他の参加者は批判やアドバイスなしに受け止めます。この仕組みは、安心して発言できる場を生み、

124

自己理解を深め、互いの尊重を促します。職場でも同様に、「意見を言っても否定されない」「最後まで話を聞く」という文化を根付かせることで、従業員が率直な意見を述べやすくなります。

# 3 許せない気持ちを感謝に変える

## 視点を変えてみる重要性

「許せない」という感情に支配されているとき、人は目の前の問題を冷静に見つめることが難しくなります。労使トラブルでも同様で、この感情のしこりが対話を妨げ、解決を遠ざける大きな要因となります。しかし、その「許せない」という気持ちを「感謝」に変えられたらどうなるでしょうか？ 意外にも、そこには新たな気づきや成長の種が隠れているのです。

たとえば、問題を起こした従業員に対して「どうしてこんなことをしたのか」と腹を立てる場面を思い浮かべてみてください。もしそこで、「この問題を通じて私たちは何を学べるだろうか？」と考えられたなら、状況の見え方が変わるはずです。感情を切り替えることで、感情的な対立から建設的な対話へと変化し、職場全体が前向きな方向へ進むきっかけとなります。

## 感情を客観的に捉える

感情に流されるのではなく、「なぜこの行動が起きたのか？」「その背景にはどのような理由があるのか？」と冷静に問いかけることが大切です。

たとえば、会議で部下が意見を出さず、消極的な態度を取る姿に苛立ちを覚えたとします。その背後には、過去に提案が否定された経験や、自信のなさが原因となっている可能性があります。このよ

うな状況で感情的に「もっと積極的に発言しろ」と叱責しても、部下の態度は変わらず、かえって萎縮してしまう恐れがあります。

しかし、「どうして発言しにくいと感じているのだろうか?」と冷静に分析すれば、会議が安全安心の場として機能しておらず、自由に意見を言いづらい職場の風土やコミュニケーションの課題に気づくことができます。相手の気持ちを理解しようとする姿勢を示すことで、安心感を育む対話が生まれ、状況を改善するための具体的なステップを見つけることが可能になります。

### 実体験から学んだ「感謝」の力

私自身、過去にトラブルの渦中で怒りや苛立ちを感じた経験が何度もありますが、後になって振り返ると、そこには職場環境や運用の改善点に気づく機会が隠されていました。

たとえば、問題を契機に改善策を導入した結果、職場全体の雰囲気がよくなり、生産性が向上したケースもあります。

このように、「このトラブルがあったからこそ」と感謝の気持ちを抱くことで、自分自身の成長を実感し、職場全体のポジティブな変化を引き出せる可能性が広がります。

### 感謝に変えることがもたらす効果

「許せない気持ち」を「感謝」に変えることで、次のようなポジティブな変化が期待できます。感情を抑えて問題の本質に向き合うことで冷静な解決策が見つかり、相手の立場や背景を理解する中で関係性が改善され、さらには得られた学びや改善点を活かすことで職場全体が成長するという好循環が生まれます。

感謝の視点を持つことは、職場の人間関係をより深く豊かなものにするための鍵となります。

126

### 感謝に変える効果

　労使トラブル解決において、「許せない気持ち」を「感謝」に変えることは決して簡単ではありませんが、この視点の転換が問題を成長のきっかけに変える大きな力となります。感謝の力を活用して信頼関係を築き上げることで、職場全体が互いを尊重し合い、よりよい環境を目指して進化していくことが可能になります。

　この視点の転換は、1人ひとりが前向きに行動するための勇気を与え、労使トラブル解決への新たなステップを切り開くでしょう。

# 4　リーダー育成、社員研修の重要性

### 研修の重要性

　労使トラブルの再発防止には、研修が極めて重要な役割を果たします。「研修を受けても何も変わらない」と考える方もいるかもしれませんが、大企業が多額の資金を研修に投入しているのは、その効果の大きさと必要性を理解しているからです。

　私自身も15年前に人材育成の研修に参加しました。当時の私は「人はそう簡単に変われるものではない」と思っていました。しかし、研修を受講した仲間たちが次々と目標を達成していく姿を見て、「人は変われる」という確信を得たのです。

　ただし、すべての人に研修が等しく効果を発揮するわけではありません。特に成果を上げるためには、次の条件を考慮することが重要です。

① 成長意欲のある人を優先する

　研修は、成長意欲が高い人に対して特に効果を発揮します。「自分を変えたい」「このまま人生を終わらせたくない」と強く願う人に学ぶ機会を優先的に提供することで、企業全体の研修効果を高め

ることができます。一方で、成長意欲が低い人に研修を強制することは、効果的ではありません。

② 継続的な取り組み

短期間の研修だけで学びを深め、行動を変えることは難しく、最低でも1年、理想的には3年間の継続的な取り組みが必要です。

そのため、「受講したい人」を優先する制度を導入し、コストパフォーマンスを高めるとともに、意欲の高い受講者の成長が周囲によい影響を与えます。結果として、次第に研修を受けたいと考える人が増え、組織全体の学習意欲が高まる好循環が生まれます。

## リーダー研修の重要性

リーダーは、企業において重要な橋渡し役を担います。経営者の方針を現場に伝えると同時に、現場の声や問題を経営陣に伝える双方向の役割を果たします。また、現場で発生する問題をいち早く察知し、適切に対応する力も求められます。

そのため、リーダーには専門的かつ実践的なスキルを身につける研修が必要不可欠です。

ただし、ここでも「リーダーとして成長したい」と意欲を持つ人を優先的に研修に参加させることで、より大きな効果が得られます。具体的には次のスキルに焦点を当てます。

① 部下との信頼を築くスキル

信頼できるリーダーとは、部下の話をしっかり聞き、適切にフィードバックを行い、公平な判断を下せる存在です。これを実現するために、研修を実施します。

② 他者の力を借りる方法

リーダーは、問題を1人で解決するのではなく、必要に応じて他者の力を借りることが求められます。適切に専門家や上司に相談す

るスキルを身に着けることで、トラブルの早期解決が可能になります。

③ 労務管理の基本知識

　労働基準法やハラスメント防止法など、基本的な労務知識を学ぶことで、トラブルの初期段階で問題を察知し、適切な対応が取れるようになります。

## 社員研修の役割

　リーダー研修と並行して、従業員全員を対象とした社員研修も重要です。従業員が職場のルールや価値観を理解し、トラブルに適切に対応できるようになることで、組織全体のトラブル耐性が向上します。日常的に意見交換ができる場を整えることで、従業員同士が配慮し合い、健全な職場環境を育てます。

## 研修の効果

　労使トラブルのない職場を実現するためには、リーダー育成と社員研修という基盤づくりが欠かせません。特に、「もっとよくなりたい！」という意欲を持つ従業員を優先することで、研修の効果を最大限に引き出し、コストパフォーマンスを高めることができます。

　リーダーと従業員がそれぞれの役割を果たし、相互に信頼し合える組織は、トラブルに強く、持続可能な成長を遂げることができます。労使トラブルの再発防止を単なる対応策とせず、組織全体の成長を促す機会と捉え、より健全で生産的な職場環境を築いていくことができます。

　従業員が継続的に成長し、組織が盤石になれば、結果として労使トラブルゼロの職場に近づいていきます。学び続ける組織こそが、未来を切り拓いていきます。

# 5  1on1の重要性

## 1on1の効果が出ない企業が抱える課題

　最近、多くの企業が「1on1ミーティング」を導入していますが、「全然効果が感じられない！」という声もよく耳にします。これはいったいなぜでしょうか？　実は、1on1の目的が曖昧なまま始められてしまうことが大きな原因です。

　1on1の本来の目的は、部下との信頼関係を築き、成長を支援することです。上司が部下の仕事や悩みに耳を傾け、時にはプライベートな話まで寄り添うことで、部下の深層心理にアプローチします。そして、上司の適切な質問によって部下が自ら考え、自ら行動する力を育む──これが理想の形なのです。

　ところが、現実はどうでしょう？

　「1on1って結局、業務報告の場でしょ？」

　「次回の1on1は、忙しいからちょっと延期ね！」

　こんな状態では、1on1は単なる形式的なやりとりで終わり、部下の成長どころか信頼関係すら築けません。さらに、上司が一方的に指示をするだけの1on1になってしまうと、部下のやる気は見事にしぼんでしまいます。

　そこで重要なのが、「1on1の目的を再確認し、対話の質を高める」ことです。「今週は何がうまくいった？」「どんな助けが欲しい？」

「今、最も不安に思っていることは何？」といった問いを工夫し、部下の声をしっかり引き出す姿勢が必要です。

## 継続的な実施が鍵

最初の1on1では、部下が遠慮したり、表面的な話に終始したりすることも少なくありません。

しかし、継続的に実施することで、部下は「この場は本当に自分のためのものだ」と実感し、次第に本音を話せるようになります。上司にとっても、部下の価値観や悩みを深く理解する機会が増え、的確なアドバイスやサポートがしやすくなるのです。

部下の立場で考えてみてください。

もし、1on1が「やらされ感」満載の形式的な面談で終わるなら、部下は「適当に答えておけばいいや」と思うでしょう。

しかし、上司が毎回真剣に耳を傾け、前回の話を覚えており、それを踏まえた対話をしてくれるとしたらどうでしょうか？

「この人は本当に自分に関心を持ってくれている」と感じ、安心して話せるようになります。

## 1on 1が組織全体に及ぼす影響

継続的な1on1がもたらすのは、個人の成長だけではありません。

それが組織全体の風土にまで波及し、企業文化そのものを変える力を持っています。

1on1を継続することで、部下の成長意欲が高まり、キャリアについて主体的に考えるようになります。

また、上司に対して率直なフィードバックを伝えられる環境が整うことで、問題が発生した際に早期対応が可能となり、トラブルを未然に防ぐ効果も生まれます。

# 6　社内勉強会の開催

## 社内勉強会の影響力

　社内勉強会は、労使トラブルを防ぎ、職場環境を改善するための非常に有効な手段です。私自身、クライアント先で健康保険や年金制度、育児介護休業制度といった基本的な研修を行ってきましたが、近年では「就業規則」や「賃金規程」を従業員全員に説明する機会が増えています。

　特に効果的なのは、一方通行の説明ではなく、双方向の対話型勉強会を取り入れることです。従業員が自由に発言や質問ができる環境を整えることで、不安や疑問が解消されるだけでなく、現場の本音が会社側に伝わる場ともなります。このような対話を通じて、従業員と会社との信頼関係が強化され、職場全体の健全性が向上します。

　さらに、勉強会を通じて、「会社が法律以上に従業員に配慮している点」を伝えることで、従業員は「この会社で働いてよかった」と感じるようになります。その結果、会社への信頼感が向上し、職場の士気が高まるのです。勉強会は従業員の業務知識やスキルを深める場であると同時に、職場全体の意識を統一し、コミュニケーションを活性化する場でもあります。これにより、職場環境のさらなる改善が期待できます。

## 社内勉強会の目的と効果

① 認識の共有

　労使トラブルの多くは、労働条件や会社のルール、期待される行動についての認識不足や誤解が原因で発生します。社内勉強会を通

じて次のような知識を共有することで、職場全体の基準を統一できます。

・就業規則や職場のルール
・労働基準法やハラスメント防止に関する法的知識

②トラブルの未然防止

・法的知識や職場のルールを学ぶことで、トラブルの原因となる行動を未然に防ぐことができます。
・勉強会を通じて従業員が行動の指針を持つことで、日常業務での判断力が向上します。

③コミュニケーションの活性化

・勉強会は、従業員同士が意見を交わし、異なる視点を共有する場です。これにより、チームワークが強化され、職場の一体感が向上します。


## 勉強会の実施方法と工夫

① 問題解決型のケーススタディー

　実際に起こりうる職場の問題を取り上げ、参加者が解決策を議論する形式です。これにより、異なる視点を共有しながら柔軟な発想と問題解決力を養うことができます。

② 主体的に参加

・勉強会の進行役をリーダーや従業員が交代で担当する形式にすることで、全員が主体的に参加できます。
・自ら学び、自ら考える習慣を養うことで、職場全体の成長を促進します。


## 経営者や管理職の参加

・勉強会に経営者や管理職が参加することで、従業員は経営陣の考

えを直接知る機会を得られます。
・職場全体の信頼感が向上し、コミュニケーション不足が原因となるトラブルを防ぎます。

## 社内勉強会がもたらす効果

① 従業員の成長促進
・業務に必要な知識やスキルを深めることで、従業員の専門性が高まります。
・勉強会の経験を通じて、従業員の自信とモチベーションが向上します。

② 職場の活性化
・学びを共有する文化が醸成され、職場全体の一体感とエンゲージメントが高まります。
・チームとしての連携が強化され、トラブルが発生しにくい職場が育まれます。

③ トラブル予防の基盤形成
・従業員が正しい知識を持ち、ルールを理解することで、トラブルのリスクが低下します。
・継続的な勉強会の開催は、トラブル予防のための組織的な基盤を築きます。

## 社内勉強会の影響

　社内勉強会は、労使トラブルを未然に防ぐだけでなく、職場環境を健全化し、従業員の成長を促進する貴重な機会です。
　継続的に勉強会を開催することで、職場全体が学び合い、信頼し合う文化が育まれます。この取り組みは、労使トラブルゼロの職場を築き、組織全体の持続可能な成長を支える基盤となるのです。

# 7　成果発表の場を設ける

**成果発表の効果**

　成果発表の場、それは職場の「スポットライト」。ただの会議室が、従業員たちの努力と成果を輝かせるステージに早変わりします。この場を設けることで、従業員は「これが私たちの成果です！」と胸を張って成果を伝える機会を得られます。

　こうした本氣の発表の場は、個々のモチベーションを高めるだけでなく、職場全体の士気を一気に高める起爆剤となります。

　さらに、成功体験の共有を通じて、チーム内の連携が深まり、職場全体が一丸となって目標達成に向かう力が強化されます。ただの発表が、職場を活性化し、組織の成長を促す原動力になるのです。

**成果発表の場が果たす役割**

① 従業員のモチベーション向上

　成果発表は、従業員が努力や成果を認められる場を提供します。「評価されている」と感じることでモチベーションが向上し、挑戦する意欲が湧き上がります。特に、業務改善や新しいアイデアを実

現した従業員が称賛されると、職場全体にポジティブな連鎖が生まれ、挑戦する文化が育まれます。

② 組織全体の成長の加速

　発表を通じて共有される成功事例や新しい発想は、職場全体の知見を広げ、個々の取り組みが組織全体の成長を加速させるエンジンとなります。

③ チームワークと相互理解の促進

　発表を通じて従業員がそれぞれの役割や取り組みを理解できるため、チームとしての一体感が高まります。また、異なる部署間での情報共有が進み、部門間の壁が低くなることで、職場全体の連携がスムーズになります。


**成果発表の場を設けるメリット**

① 部門間の連携強化

　部門ごとの取り組みを共有することで、従業員同士が互いの役割を理解しやすくなり、協力関係が深まります。また、部署間での情報交換が促進されることで、新たな連携や業務効率化の可能性が広がります。

② 経営者や管理職の視点向上

　成果発表は、経営者や管理職にとって現場のリアルな状況を知る貴重な場でもあります。従業員からの意見や提案を通じて、経営方針や職場環境の改善に役立つヒントを得ることができます。

③ 主体性の育成

　発表の場を通じて、従業員は自身の取り組みを振り返り、成果を形にして伝える経験を積むことができます。このプロセスを通じて、従業員は主体的に行動するスキルを磨き、職場全体に主体性を重視する文化が根付いていきます。

## 成功する成果発表のポイント

成果発表を成功させるためには、定期的に開催し、従業員が取り組みを継続しやすくすることが重要です。

さらに、発表のテーマを「業務改善」「新しいアイデアの発表」「成功事例の共有」などに明確化することで、内容が具体的かつ実践的になり、参加者全員にとって有益な時間となります。全員参加型の形式を採用し、役職や部署に関係なく意見を出しやすい雰囲気をつくることも大切です。

また、発表内容に対して適切な評価やフィードバックを行うことで、従業員の努力が報われる実感を与え、さらなる改善意欲を引き出します。

## 成果発表がもたらすコミュニケ―ションの質の向上

成果発表を通じて従業員の努力が評価されることで、職場全体の士気が向上し、意見交換が活発になることで健全なコミュニケーション文化が醸成されます。

また、発表を通じて職場内で認識の共有が進むため、誤解やズレによるトラブルを未然に防ぐ効果も期待できます。

## 成果発表会がもたらす影響

アウトプットができる場を設けることで、学びの定着度が高まり、何倍もの効果を生み出します。この取り組みを継続することで、従業員は成長し、職場全体がトラブルゼロの理想的な組織へと進化していきます。

また、発表を通じて共有される学びや意見は、組織全体の成長を加速させる重要な鍵となります。成果発表は、職場を単なる作業の場から、成長と挑戦を共有する場へと変える力を秘めているのです。

# 8 職場環境アンケートの実施

## アンケートの効果

　職場環境アンケートは、従業員の声をキャッチする「組織の聴診器」です。日常業務では聞こえにくい「小さな不満」や「秘めた想い」を拾い上げ、組織の現状や課題を明らかにします。

　この取り組みは、労使トラブルの再発防止だけでなく、職場の改善を具体的に進めるための羅針盤とも言える存在です。

　経営者や管理職が現場のリアルな状況を正確に把握し、それをもとに適切な施策を講じることで、職場全体の健全性が大きく向上します。

## アンケートの目的と意義

① 従業員の内なる声を把握

　アンケートは、普段は表に出しにくい意見や不満を引き出す絶好の機会です。たとえば、「職場の人間関係がぎくしゃくしている」「業務量が過剰だ」といった現場の課題や、「評価制度が不透明」「ハラスメントが心配」といった不安など、テーマごとに従業員の考えを浮き彫りにできます。

② 匿名性の確保による率直な意見の収集

　「名前を書かなくていい」となると、人は不思議なほど正直になれるものです。匿名性を担保することで、従業員が安心して本音を伝えられる環境をつくり、表面的な意見だけでなく、職場の根本的な課題を見つけ出すことができます。

③ 現状の把握と課題の明確化

　アンケート結果を分析することで、「部署間の連携不足」や「評

価制度への不満」といった隠れた問題を明らかにできます。日常的には見過ごされがちな問題も、このプロセスを通じて浮かび上がり、組織全体で改善に取り組むきっかけとなります。

## アンケート実施後の重要なプロセス

① 結果の共有と改善計画の発表

　アンケートの結果をただ収集するだけでは意味がありません。その内容を従業員と共有し、具体的な改善計画を発表することで、従業員は「自分たちの声が届いた」と実感できます。このプロセスを通じて信頼感やエンゲージメントが向上し、職場全体に前向きなムードが広がります。

② 継続的な実施と進捗確認

　アンケートは一度きりではなく、継続的に実施することで効果を発揮します。たとえば、年1回のアンケートを行い、結果をもとに進捗を確認すれば、施策の有効性を測ることができ、必要に応じて柔軟に改善策を見直すことができます。

## アンケートの効果

① 従業員のニーズを的確に把握

　アンケートを通じて収集した従業員の声を分析すれば、経営者や管理職が現場の状況に即した対応を取れるようになります。従業員の不安や不満を早期に解消することで、トラブルを未然に防ぎ、職場の健全性を保てます。

② 信頼関係の構築

　従業員の意見を反映した施策を実行すれば、会社への信頼感が高まります。また、職場全体での意見交換が活発化することで、コミュニケーションが円滑になり、心理的安全性が向上します。

③ 職場の活性化とエンゲージメント向上

改善計画が実行されることで、従業員は「自分たちの声が組織に活かされている」と感じます。この実感がチーム全体の士気を高め、一体感を生み出し、結果的に生産性の向上につながります。

**アンケートがもたらす影響**

職場環境アンケートは、従業員の本音を吸い上げ、組織の改善に役立てる貴重なツールです。アンケート結果をもとに、現状を正確に把握し、適切な改善策を講じることで、労使トラブルのリスクを低減できます。

また、従業員の意見を反映した取り組みを継続することで、信頼関係を基盤とした持続可能な成長が実現します。

アンケートは単なる調査ではなく、職場をよりよくするための「出発点」であり、従業員と組織をつなぐ「架け橋」として、職場改善の第一歩を踏み出すための強力なやり方なのです。

# 9 社内ルールや規程の定期的な見直し

**社内ルールを見直す効果**

社内ルールや規程を定期的に見直すことは、企業の成長を支え、職場を活性化させる重要な取り組みです。ルールは一度作成すれば終わりではなく、社会情勢や法改正、職場環境の変化に適応することで初めて実効性を持ちます。

たとえば、時代遅れのルールが原因で従業員の認識とのズレが生じると、業務の非効率化や不満につながり、場合によってはトラブルの火種になることもあります。

しかし、定期的な見直しを行うことで、職場の現状に即したルー

第5章　労使トラブルの再発防止策

ルを整備し、不要な混乱を防ぐことが可能になります。

　また、ルールの更新は従業員に「企業は私たちの働きやすさを考えてくれている」と感じさせ、組織全体の信頼関係を強化する効果もあります。


## 社内ルール見直しの必要性

　社内ルールの見直しは、企業の存続と健全な運営に不可欠な作業です。社会情勢の変化や法改正に対応しなければ、古いルールが法令違反のリスクを生み、企業の信頼性を損なう可能性があります。

　また、現場の実態に合わないルールは形骸化し、従業員のモチベーション低下や職場の硬直化を引き起こします。

　一方で、現場の声を反映したルールを策定すれば、従業員の納得感が高まり、ルールの実効性が増します。

　見直しのプロセスは、過去のルールを整理するだけでなく、企業と従業員が未来に向けた信頼関係を築くための機会ともなるのです。


## 改定後のルールの周知徹底

　ルールを改定した後、適切に周知しなければ、その効果は半減します。「そんなルールがあったなんて知らなかった」と従業員から言われる場合、多くは周知不足が原因です。

　これを防ぐためには、朝礼や会議で直接説明するだけでなく、社内ポータルサイトや掲示板、ルールブックを活用し、従業員がいつでも確認できる仕組みを整えることが重要です。

　さらに、単なる通知にとどまらず、研修や勉強会を実施してルールの理解を深め、定期的なフォローアップを行うことで、より効果的に浸透させることができます。特に、ルールの改定が日常業務に

141

どのような影響を与えるのかを具体的に示すことで、実際の業務で活かされやすくなります。

ルールの周知を徹底することは、単なる規則の押し付けではなく、組織の透明性を高め、従業員の安心感を生む重要なプロセスなのです。


## 定期的な見直しの効果

ルールを定期的に見直すことで、企業はトラブルのリスクを大幅に低減できるだけでなく、職場環境の向上にもつながります。最新の法令や業務の実態に合ったルールを運用することで、不要な混乱や無駄な作業を減らし、業務の効率化を促進できます。

また、従業員にとって納得感のあるルールは、組織への信頼を高める要因となります。特に、透明性のあるルールの運用は、公正な職場文化の醸成にも寄与し、従業員のエンゲージメント向上にもつながります。

定期的な見直しを通じて、ルールを時代や環境に適応させることは、組織全体の健全な成長を支える基盤となるのです。


## 社内ルール見直しの意義

社内ルール見直しの本来の目的は、法令遵守の観点だけでなく、従業員が働きやすい環境を維持するためのものです。ルールの整備と適切な運用を継続することで、職場全体の認識が統一され、従業員の納得感が向上します。

その結果、不要なトラブルを未然に防ぐだけでなく、企業と従業員の信頼関係を深め、より健全な職場文化を築くことができます。

定期的な見直しは、企業の持続的な成長を実現するための戦略的な取り組みであり、職場環境の最適化を図る重要な施策なのです。

# 10　チームビルディングの促進

## チームビルディングの効果

　最近、職場の中で「協調性が薄れている」と感じることはありませんか？　以前のようにお互いが助け合い、支え合いながら業務を進める姿勢が見られず、各自が自分の与えられた仕事にだけ集中する――そんな状況では、職場全体の一体感が損なわれ、トラブルが起こりやすくなり、業績や働きやすさにも悪影響を及ぼします。

　職場が「協力し合う場」を取り戻し、全員で目標達成を目指す文化を育むためには、チームビルディングが欠かせません。

　チームビルディングは、職場をただの「作業場」から「協力の場」に変える取り組みです。他者と力を合わせる環境を整え、信頼関係と協力体制を築くことで、個人とチーム全体の成長を促進します。

　信頼できる人、感謝を伝える人、周囲を巻き込む力がある人が増えれば、職場全体の協力文化が強まり、トラブルの防止や目標達成が現実のものとなります。

　チームビルディングの導入により、従業員同士の信頼関係が強化され、コミュニケーションが円滑になり、協力的な職場文化が根付くことで、成長し続ける組織へと変革をもたらします。

## チームビルディングの目的

　チームビルディングの目的は、大きく分けて次の３つがあります。
① コミュニケーションの活性化

　職場での円滑なコミュニケーションは、トラブルの未然防止に欠かせない要素です。チームビルディングを通じて従業員同士の関係を深め、互いに意見を共有しやすい雰囲気をつくり出します。

② 信頼関係の構築
　個々の価値観や強みを理解し合うことで信頼感が生まれ、それが心理的安全性の向上につながります。意見が自由に述べられる環境が整えば、職場全体の活性化が期待できます。
③ 協力し合える文化の育成
　チームとして共通の目標を持ち、それに向かって協力するプロセスを通じて一体感を醸成することで、連携力が強化され、組織全体が強固な基盤を築けます。

**具体的なチームビルディングの方法**
① レクリエーション活動やワークショップの導入
　アウトドア活動やディスカッション型ワークショップを定期的に行うことで、従業員同士の距離を縮めます。これにより、リラックスしながら自然なコミュニケーションが生まれます。
　たとえば、チーム対抗のゲームや全員参加型のワークショップで、楽しみながら協力する力を養うことが可能です。
② プロジェクト活動を推進

具体的なテーマを設定し、新しいアイデアの提案や職場改善の取り組みを全員で協力して進めます。これにより、メンバーが役割を明確に持ち、目標達成を共有する一体感が生まれます。

③ 目標設定と成果の共有

　共通の目標を設定し、成果を全員で共有するプロセスを通じて、一体感が生まれます。成果を達成した際には、全員で喜びを分かち合う場を設けることで、さらなる協力意識を引き出します。

④ 研修ゲームやケーススタディーの活用

　課題解決ゲームを研修に取り入れることで、チームでの協力や意思決定のスキルを楽しく身につけられます。さらに、実際のトラブルをシミュレーションすることで、課題解決能力を養いながら、チーム内での信頼感を高めることができます。


## チームビルディングの効果

① 個々の成長と責任感の向上

　明確な役割を与えられることで責任感が高まり、個々が主体的に行動できるようになります。

② リーダーシップの育成

　リーダーがメンバーを巻き込み、意見を尊重しながら成果を導く力を強化します。

③ 信頼関係の強化

　お互いの能力や価値観を理解することで、心理的安全性が向上し、信頼が深まります。

④ トラブル未然防止

　円滑なコミュニケーションと情報共有によって、誤解や摩擦を減らし、トラブルを未然に防ぎます。特に、明確なルールと共通言語を持つことは、組織内の無用な対立を回避する上で重要です。

145

**実施のポイント**

① 継続的な取り組み

　月1回や四半期ごとに活動を行い、協力体制を強化します。

② 参加のしやすさ

　従業員の興味や趣味に合わせた内容を選び、参加意欲を高めます。

③ フィードバックを重視

　活動後に意見を収集し、それを次回に反映させることで効果を向上させます。


**チームビルディングの促進**

　チームビルディングを促進することで、職場は従業員が自発的に協力し合う文化が根付きます。協力が当たり前の環境をつくることで、個々の能力が最大限に発揮され、チーム全体のパフォーマンスが向上します。

　トラブルを未然に防ぎながら、成長し続ける職場を実現するためには、全員が参加しやすく、互いを信頼し合える仕組みを取り入れることが重要です。

　チームビルディングは、単なる活動ではなく、職場を「共に成長し、協力し合う場」へと変える強力な手段です。


**チームビルディングの効果的活用法**

　効果的な活用法としては、共通言語や目標を明確にし、協力しやすい環境を整えることが重要です。リーダーはメンバーの意見を尊重し、適切な役割分担で強みを活かせる体制を構築する必要があります。また、成功体験を共有し、小さな成果を積み重ねることでモチベーションと一体感を高めます。この相乗効果により、個人と組織が成長し、より強固な職場環境が生まれます。

# 第6章
## 労使トラブル事例

# 1　未払残業代トラブル事例

　未払残業代トラブルは、企業に対して大きなリスクをもたらします。ここでは、具体的な事例を取り上げ、それぞれの問題点、結果、解決策について解説します。

### 事例1：固定残業代が適切に運用されていない

　A社では、製造部門に「月額30時間分の固定残業代」を支払う制度を導入していましたが、実際の残業時間は50時間を超えていました。超過分の残業代が支払われず、従業員から不満が噴出しました。

#### ①問題点

（i）固定残業代制度の不備

- 固定残業代の対象時間（30時間）を超えた分が支払われていなかった。
- 労働契約書や就業規則に具体的な支払規定が明記されていなかった。

（ii）長時間労働の管理不足

- 実労働時間を記録する仕組みが不十分で、管理者も把握していなかった。
- 長時間労働が常態化しており、適切な改善措置が取られていなかった。

#### ②結果

　従業員が労基署に訴えた結果、企業は是正勧告を受け、未払残業代の支払いを命じられた。固定残業代の適正な運営と管理を見直すよう指導された。

148

### ③解決策

（ⅰ）規則の明確化

- 労働契約書に「固定残業代は30時間までを対象とし、超過分は法定割増率を適用して別途支払う」と記載した。

（ⅱ）勤怠管理の強化

- 勤怠管理システムを導入し、従業員の労働時間を正確に把握するようにした。


### 事例2：タイムカードを基にした不適切な残業管理

　B社では、従業員がタイムカードを押した後も業務を続ける「サービス残業」が常態化。

　タイムカードと実労働時間に差が生じ、適切な残業代が支払われていませんでした。

### ①問題点

（ⅰ）実労働時間の不適切な管理

- タイムカード記録と実労働時間に乖離が生じていた。
- サービス残業が暗黙の了解となっていた。

（ⅱ）管理者の認識不足

- サービス残業が常態化していることに対して、管理職が積極的な対応を取らず、問題を放置していた。

### ②結果

　従業員が労基署に訴えた結果、企業は是正勧告を受け、未払残業代の支払いを命じられた。

### ③解決策

（ⅰ）勤怠記録の正確化

- 勤怠記録システムを導入し、従業員の労働時間を正確に記録できるようにする。

（ii）管理職教育

- 管理職に対して、労働基準法の知識や適切な勤怠管理の重要性を教育する。

## 事例3：残業代込みの「年俸制」が問題に

C社では、年俸制を採用し、「残業代は年俸に含まれる」と説明していました。しかし、労働契約書に具体的な条件が記載されておらず、従業員は年俸に含まれる残業代がどのように計算されているのかわかりませんでした。その結果、未払残業代が発生し、従業員から不満が噴出しました。

### ①問題点

（i）曖昧な契約内容

- 年俸制における残業代の具体的な計算方法が不明確で、説明不足が原因で誤解が生じていた。

（ii）法令違反の可能性

- 実際には時間外労働に対する割増賃金が支払われておらず、法令に違反していた。

### ②結果

労基署の調査を受け、未払分の残業代を支払うとともに、年俸制の運用を見直すよう指導された。

### ③解決策

（i）労働契約の明文化

- 時間外労働の割増賃金を年俸とは別途で支払う運用に変更した。

（ii）透明な明文化

- 年俸制における賃金構造を明確にし、従業員に説明するようにした。
- 残業代の計算方法を明確に示すようにした。

第6章　労使トラブル事例

## ★未払残業代トラブルを防ぐためのポイント

①勤怠管理の徹底

- 勤怠記録を正確に行い、タイムカードやシステムを活用する。
- サービス残業を防止する明確な運用ルールを策定する。

②労働契約内容の明確化

- 固定残業代や年俸制の詳細を労働契約書に明記する。
- 法定割増賃金以上に基づいた賃金支払いを徹底する。

③教育と意識改革

- 管理職や従業員に対して、労働基準法や時間外労働時間に関する知識を教育する。
- サービス残業や不正な運用を防ぐ文化を醸成する。

④専門家の活用

- 社会保険労務士や労基署の助言を受け、法令に基づいた適切な運用を確保する。

【まとめ】

　未払残業代トラブルは、労働基準法違反に直結し、企業に深刻な影響を及ぼします。適切な労働時間や賃金の管理を行い、従業員との信頼関係を築くことが重要です。事前の予防策や迅速な対応を徹底することで、未払残業代トラブルを未然に防ぎ、健全な職場環境を実現しましょう。

# 2　休職と復職トラブル事例

　休職と復職は、労務管理上の重要な課題であり、適切に対応しないとトラブルに発展することがあります。

　ここでは、具体的な事例を取り上げ、それぞれの問題点、結果、解決策について解説します。

151

**事例１：休職期間満了後による退職を巡るトラブル**

　Ａ社の従業員Ｂさんは、メンタルヘルスの問題で休職しました。

　会社の就業規則では、休職期間を６か月と定めており、その期間が満了した場合、自然退職（退職扱い）とする規定がありました。休職期間が終了した時点で、会社はＢさんに「休職期間満了のため退職となる」と通知しました。

　一方で、Ｂさんは「医師から復職可能との診断を受けている」と主張し、退職ではなく復職を希望。会社の対応に不満を抱き、労使間で意見が対立しました。

**①問題点**

（ⅰ）就業規則の解釈の不明確さ

・就業規則に休職期間満了後の退職に関する具体的な記載があったものの、従業員に対して十分に説明されていなかった。

・休職期間満了後の「復職可否」を判断する具体的な基準が不明確で、従業員にとって不透明な対応となっていた。

（ⅱ）復職可能性の確認不足

・医師の診断書や産業医の意見を十分に確認せず、復職の可能性について適切な検討が行われていなかった。

・従業員との直接的なコミュニケーションが不足し、双方の認識にズレが生じていた。

**②結果**

　産業医の意見をもとに、復職可否を検討し復職を認めた。

**③解決策**

（ⅰ）復職判断基準の整備

・医師の診断書や産業医の意見を基に、復職可否を慎重に判断する手順を就業規則に明記し、従業員に周知する。

・休職前の説明を徹底し、復職時の混乱を防ぐ。

（ⅱ）コミュニケーションの強化

• 休職満了前に従業員と話し合い、今後の対応について合意を形成する。

（ⅲ）透明性の確保

• 復職基準を具体的に設定し、不透明性を解消する。


**事例2：復職後の配置転換を巡るトラブル**

　C社では、従業員Dさんが長期間の休職後に復職しました。しかし、会社は「以前の業務に戻すのは難しい」として別部署への配置転換を行いました。これに対し、Dさんは「慣れない業務がストレス」として再び体調を崩しました。

**①問題点**

（ⅰ）配置転換の合理性と説明不足

• 配置転換の理由や必要性について、従業員に対する十分な説明が行われていなかった。

• 配置転換の決定において、業務上の必要性と従業員の状況が適切に考慮されていなかった。

（ⅱ）業務負担と体調への配慮不足

• 復職後のDさんの体調や適性を十分に考慮せず、新しい業務内容を割り当てた。

• 従業員にとって業務量や環境の変化の負担が重く、復職支援が不十分だった。

**②結果**

　会社は復職支援や業務内容の見直しを行った。

**③解決策**

（ⅰ）復職支援プログラムの導入

• 段階的な業務復帰（リハビリ出勤）を導入し、従業員の負担を軽

減ずる。

（ⅱ）配置転換の事前合意

・配置転換の必要性を丁寧に説明し、従業員の同意を得るプロセスを徹底する。

（ⅲ）適性評価の強化

• 産業医の意見を参考に、従業員の適性や体調に配慮した業務設計を行う。

### 事例3：復職拒否を巡るトラブル

　E社の従業員Fさんは、休職期間を経て復職を希望しました。Fさんは医師から「復職可能」と診断されており、その診断書を会社に提出しました。

　しかし、会社は「復職後の業務に支障が出る可能性がある」と判断し、Fさんの復職を拒否しました。

　これに対して、Fさんは「医師の診断書があるにもかかわらず、復職を妨げられた」と主張し、会社の対応に異議を唱えました。

### ①問題点

（ⅰ）復職基準の不明確さ

• 復職の可否を判断する具体的な基準が存在せず、判断が一方的かつ曖昧だった。

• 復職を拒否する明確な理由が説明されていなかった。

（ⅱ）復職希望者への対応不足

• 医師の診断書を十分に考慮せず、一方的に復職を拒否した。

• 復職希望者との直接的なコミュニケーションが不足しており、従業員の不安や不満を増幅させた。

### ②結果

　産業医の意見を聞き、Fさんの復職を認めた。

### ③解決策

（ⅰ）復職基準の明確化

- 復職の可否を判断する基準を具体的に定め、就業規則に明文化する。

（ⅱ）第三者の意見活用

- 復職の可否を判断する際には、産業医や専門家の意見を参考に、公平性を確保する。

## ★休職・復職トラブルを防ぐためのポイント

①就業規則の整備

- 休職制度の対象、期間、満了後の対応を明文化する。
- 復職の可否を判断する基準を明確に設定する。

②適切なコミュニケーション

- 休職中の連絡頻度や方法を取り決め、定期的なやり取りを行う。
- 復職時には従業員と話し合い、合意形成を図る。

③復職支援プログラムの導入

- 段階的な業務復帰プログラム（リハビリ出勤）を設け、復職後の負担を軽減する。
- 配置転換を行う場合は、従業員の体調や適性に配慮する。

④医師や専門家の意見を活用

- 医師や産業医の診断を基に、復職の可否や業務内容を判断する。

⑤法令遵守と柔軟な対応

- 労働基準法や労働契約法を遵守しつつ、従業員に配慮した対応を行う。

【まとめ】

　休職と復職のトラブルは、管理体制の不備や従業員とのコミュニケーション不足が原因となることが多いです。就業規則の整備や復職支援プログラムの導入、産業医の意見を活用することで、トラブ

ルを未然に防ぎ、従業員との信頼関係を構築することが可能です。
これらの取り組みを通じて、働きやすい職場環境を実現しましょう。

# 3　問題社員トラブル事例

　問題社員に関するトラブルは、企業の労務管理において避けられ
ない課題の1つです。対応を誤ると、職場の雰囲気を悪化させる
だけでなく、労基署や裁判所での紛争に発展するリスクがあります。
　次に、問題社員トラブル事例を挙げ、それぞれの問題点、結果、
解決策について解説します。

### 事例1：遅刻・欠勤の常習化
　A社の従業員Bさんは、頻繁に遅刻や欠勤を繰り返していました。
上司が注意しても改善が見られず、他の従業員から「公平ではない」
と不満の声が上がりました。
**①問題点**
（ⅰ）指導不足
• 遅刻や欠勤への具体的な改善指導が行われていなかった。
（ⅱ）就業規則の運用不足
• 遅刻や欠勤への対応が就業規則に従っておらず、従業員全体への
　説明や適切な運用が不足していた。
**②結果**
　Bさんに遅刻や欠勤の改善指導を行い、問題点を共有。徐々に改
善が見られるようになった。
**③解決策**
　遅刻や欠勤への罰則や対応を就業規則に明記し、全従業員に周知
することで公平性を確保する。

156

第6章　労使トラブル事例

（ⅰ）就業規則の明確化と周知
- 遅刻・欠勤に関する罰則や対応を就業規則に明記し、全従業員に周知する。

（ⅱ）指導履歴の記録
- 注意や指導内容を文書で記録し、Bさんにサインをもらい、指導の透明性を確保する。

（ⅲ）早期の背景確認
- 遅刻や欠勤が個人的な事情に起因する場合（例：健康問題、家庭の事情）、早期にヒアリングを行い、適切なサポート（例：フレックスタイム制度の活用、勤務時間の調整）を提供する。

**事例2：職場での態度が悪い従業員**

　C社では、従業員Dさんが日常的に上司や同僚に対して反抗的な態度を取り、業務指示を無視することがありました。他の従業員から「一緒に働きにくい」との苦情が寄せられるようになり、職場全体の雰囲気が悪化しました。

**①問題点**

（ⅰ）早期対応の遅れ
- 問題行動がエスカレートする前に指導を行わなかったため、状況が悪化した。

（ⅱ）職場環境への悪影響
- 他の従業員へのストレスが増加し、チーム全体の生産性に悪影響を及ぼしていた。

**②結果**
- Dさんに対して行動改善プログラムを実施し、一定の改善が見られた。
- 行動改善プログラムの研修は、外部の専門家に依頼した。

157

③解決策

（ⅰ）具体的な改善指導

- 問題行動を明確に指摘し、具体的な改善目標を設定したプログラムを導入する。

（ⅱ）専門家の活用

- 問題行動の背景にメンタルヘルスの問題がある場合、カウンセリングや専門家の支援を導入する。

（ⅲ）早期の対話のフォローアップ

- 問題が顕在化した段階で早期に対話を行い、改善計画を実施する。

## 事例3：業務能力の低い従業員

　E社では、従業員Fさんが業務のミスを繰り返し、結果として同僚がフォローに追われる状況が続いていました。

　上司Gさんが注意をしたものの、指導が断片的で具体性を欠いており、Fさんの業務改善が進まず、職場全体の生産性に悪影響を及ぼしていました。

①問題点

（ⅰ）指導の不足

- 上司Gさんの指導が具体性に欠け、Fさんが改善の方向性を理解できていなかった。
- ミスの原因やFさんのスキル不足に対する適切な分析が行われていなかった。

（ⅱ）フォロー体制の問題

- 同僚がFさんのミスをカバーし続けたため、職場全体に不満が蓄積していた。
- フォローが常態化し、Fさん自身の危機感が薄れていた可能性があった。

（ⅲ）業務内容の適正配置の欠如

- Fさんの業務が、スキルや適性に合っていなかった可能性があった。

**②結果**

　適切な配置転換を実施し、Fさんに適性のある業務を割り当てた結果、業務改善が行われた。

**③解決策**

（ⅰ）OJT（職場内訓練）の強化

- 定期的な業務指導やスキルアップ研修を実施する。

（ⅱ）適材適所の配置転換

- 配属前に適性検査を行い、スキルに合った業務を割り当てる。

（ⅲ）フォローアップ体制の構築

- 配置転換後も定期的に業務状況をモニタリングし、必要に応じて支援を提供する。

**★問題社員トラブルを防ぐためのポイント**

①就業規則と懲戒規定の整備

- 問題行動や不正行為に対する対応方針を明確に記載し、全従業員に周知する。

②指導記録の保持

- 注意や指導内容を文書化し、トラブル発生時に証拠として活用する。

③早期の対話と改善支援

- 問題行動が確認された段階で、早期に対話を行い、改善の機会を提供する。

④メンタルヘルスのケア

- 問題行動の背景にストレスや心理的要因がある場合、専門家の支援を導入する。

⑤適切な人事評価と配置
• 定期的な評価や適性検査を行い、適材適所の配属を検討する。

【まとめ】

　問題社員トラブルは、解決できないからと言って放置することで職場全体の雰囲気や生産性に悪影響を及ぼします。

　明確なルールの整備、早期の対応、そして従業員1人ひとりの特性に合わせた支援が、トラブルの未然防止と解決の鍵となります。適切な管理を通じて、企業全体の成長と健全な職場環境を築くことが重要です。

# 4　名ばかり管理職トラブル事例

　「名ばかり管理職」とは、会社が管理職の肩書きを持たせるだけで実際にはその役割や権限を与えず、残業代の支払いを免れる不適切な運用を指します。

　これは労働基準法に違反する可能性があり、従業員の不満を招き、労使トラブルに発展することがあります。

　次に、名ばかり管理職トラブル事例を挙げ、それぞれの問題点、結果、解決策について解説します。

### 事例1：店舗責任者への残業代未払

　A社の店舗で働くBさんは「店長」の肩書きを持ち、管理職として扱われていました。しかし、実際には本社の指示通りに業務を行うだけで、管理職としての権限は与えられていませんでした。また、Bさんは長時間労働を強いられたにもかかわらず、管理職を理由に残業代が支払われませんでした。

### ①問題点

第6章 労使トラブル事例

（ⅰ）管理監督者の要件を満たしていない

- 労働基準法上の「管理監督者」に該当する裁量権や経営の関与が
  なく、形式的な肩書きに過ぎなかった。

（ⅱ）実態と肩書きの不一致

- 名目上は「管理職」とされていたものの、実際には通常の従業員
  と同様の業務内容で、待遇や責任に不公平があった。

②**結果**

　Bさんが労基署に申告した結果、会社は未払残業代の支払いを命
じられ、制度の見直しを指導された。

③**解決策**

（ⅰ）管理監督者の定義を見直す

- 裁量権や待遇が伴わない場合は、管理監督者として扱わない。

（ⅱ）就業規則や雇用契約書に明記

- 管理職の権限・責任・待遇を明文化し、全従業員に周知する。

（ⅲ）公平な人事評価の実施

- 権限や責任に応じた待遇を適用し、不公平を解消する。


**事例２：管理職手当の支給と労働条件の矛盾**

　C社では、従業員Dに対して管理者として「管理職手当」を支
給されていましたが、実際には一般の従業員と同じ仕事をしており、
労働条件も変わりませんでした。残業代は支払われておらず、Fさ
んは「残業代が支払われていない」と主張し、問題が表面化しました。

①**問題点**

（ⅰ）管理職手当の運用不備

- 会社としては、管理職手当が残業代の代替として支払っていたつ
  もりだったが、労働契約書、就業規則に記載されていなかった。

（ⅱ）法令違反の可能性

161

- 管理職手当が支給されているにもかかわらず、実際には労働基準法上の割増賃金（残業代）が未払いとなっていた。
- 実態として「管理監督者」の要件を満たしていない場合、残業代を支払わないことは法令違反に該当する。

**②結果**

Dさんが労基署に相談した結果、未払残業代の支払いと管理職手当の運用見直しを求める是正勧告が会社に出された。また、労基署から手当と労働条件の整合性を確保するよう指導が行われ適切な見直しが求められた。

**③解決策**

（ⅰ）手当と労働条件の明確化
- 管理職手当の目的や基準を明確にし、労働契約書に記載する。

（ⅱ）残業代の適正支払い
- 管理職手当とは別途で残業代を支給する。

（ⅲ）従業員への説明
- 処遇の背景や意図を丁寧に説明し、納得感を得る。

**事例3：管理職候補者への一方的な処遇変更**

E社では、従業員Fさんが昇格して管理職となり、給与体系が残業代なしの固定給与制に変更されました。しかし、昇格後も具体的な役職や権限が与えられず、業務内容も従前と大きく変わりませんでした。

さらに、残業代が支給されなくなった結果、昇格前よりも給与総額が減少し、Fさんは昇格が実質的な「不利益変更」であると不満を抱くようになりました。最終的に、Fさんは会社の処遇変更が不当であるとして主張しました。

**①問題点**

（ⅰ）管理職としての権限付与の不足

- Ｆさんには、管理職に求められる具体的な権限が付与されていなかった。

（ⅱ）昇格後の給与総額の減少

- 残業代が支給されなくなったことで、昇格前よりも給与総額が減少し、Ｆさんが経済的な不利益を被った。

（ⅲ）昇格基準や手続きの不透明さ

- 昇格の目的や基準が明確でなく、Ｆさんにとって納得感が得られない処遇変更となっていた。

**②結果**

　Ｆさんの主張を受け、会社は就業規則を見直し、未払残業代を支払うとともに処遇変更の透明性を向上させた。

**③解決策**

（ⅰ）昇格基準の明文化

- 昇格基準や役職に求められる要件を明確に記載。

（ⅱ）権限付与の徹底

- 管理職には相応の権限や責任を与え、実態を伴う役職運用を行う。

（ⅲ）給与体系の公正化

- 昇格後も給与総額が減少しない仕組みを整備した。

**★名ばかり管理職トラブルを防ぐためのポイント**

①昇格と処遇変更の透明性

- 昇格後の役割や権限、給与体系を従業員に事前に明確に説明し、納得を得る。

②残業代の適正運用

- 管理職であっても、管理監督者の要件を満たさない場合には、法定通りの残業代を支給する。

③処遇変更時の合意形成

- 処遇変更を行う際には、従業員の同意を得るとともに、変更の意図や内容を十分に説明する。

④就業規則や昇進制度の明文化

- 管理職の昇進基準、権限、責任、待遇について就業規則に明記し、従業員に周知する。

⑤専門家の助言活用

- 社会保険労務士や専門家の助言を受け、昇格制度や給与体系を見直し、法令遵守を徹底する。

【まとめ】

　「名ばかり管理職」問題は、企業にとって見えない地雷のようなものです。一見、肩書きや形式を整えれば問題がないように思えますが、実際には重大なリスクが潜んでおり、この地雷を踏むと労働基準法違反という法的なダメージを受けるだけでなく、従業員の不満が広がることで職場全体に悪影響を及ぼします。

　この問題を回避するためには、管理職の肩書きや形式だけにこだわるのではなく、権限や責任を明確にし、実態に合った処遇を提供することが重要です。

　さらに、透明性のある制度設計を整え、公平で信頼性の高い職場環境をつくることが、リスクを未然に防ぐ効果的な方法となります。

　もしこの問題を放置すれば、企業は法的リスクと従業員の信頼喪失というダブルパンチを受けることになり、職場の健全性が損なわれます。肩書きだけではなく、実際に組織を支える力を持つ「本物の管理職」を育成することが、労務管理を成功させるための第一歩です。

　そのためには、管理職研修の充実や適正な評価制度の導入を進め、持続的な組織の成長を目指すことが不可欠です。従業員のモチベーション向上にもつながるでしょう。

第6章　労使トラブル事例

# 5　パワハラトラブル事例

　職場におけるパワーハラスメント（パワハラ）は、従業員の心理的・身体的健康に悪影響を与え、職場環境や企業全体の信頼性を損なう重大な問題です。適切な対応を怠ると、法的リスクや労使トラブルに発展する可能性が高まります。次に、具体的な事例とその問題点、結果、解決策を示します。

## 事例1：叱責の行き過ぎによる精神的損害

　A社の上司Bは、部下Cの業務ミスに対して頻繁に厳しい叱責を繰り返しました。その内容は、「何をやらせてもダメだ」「もう少しまともに働けないのか」といった人格否定を含むものでした。Cは次第に精神的に追い詰められ、最終的には医師から「適応障害」の診断を受けて休職に至りました。

### ①問題点
（ⅰ）指導とパワハラの区別が曖昧
・指導の範囲を超え、人格を攻撃する内容となっていた。
（ⅱ）上司の指導スキル不足
・適切な言葉遣いや指導方法が欠けていた。

### ②結果
　Cが会社に相談し、Bの発言や行動が調査された結果、パワハラと認定され、Bには懲戒処分が科された。一方で、Cには産業医と

の連携で職場復帰に向けた支援が行われた。

### ③解決策

（i）指導スキル研修の実施

- 管理職向けに具体的な指導方法を学ぶ研修を定期的に実施した。

（ii）ハラスメントポリシーの策定と周知

- 全従業員に向けたパワハラ防止ガイドラインを作成し、入社時や定期研修で共有した。


### 事例2：孤立を生む意図的な業務からの排除

　D社の上司Fは、部下Eを「重要なプロジェクトには不向き」と判断し、Eをプロジェクトから外して雑務だけを任せるようになりました。さらに、他のメンバーとの打ち合わせにEを参加させない指示を出し、Eは業務上も精神的にも孤立しました。Eは周囲から孤立していることを感じ、最終的に会社に相談しました。

### ①問題点

（i）業務配分の不公平

- 特定の従業員にだけ雑務を割り当てる不公平な対応を行っていた。

（ii）職場の心理的安全性の欠如

- 職場での孤立が従業員の精神的負担になっていた。

### ②結果

　Fの行動が「過小な要求」としてパワハラに該当すると認定され、厳重注意処分が下された。また、Eにはメンバー間での関係修復を目的としたフォローアップミーティングを行った。

### ③解決策

（i）透明性のある業務配分

- 業務割り当ての基準を明確にし、個人の能力を公平に評価する仕

166

第6章　労使トラブル事例

組みを導入した。

（ii）コミュニケーション促進

• 孤立を防ぐために、チーム内での定期的なミーティングや交流イベントを開催した。

## 事例3：個人攻撃による人間関係の悪化

　G社の上司Hは、部下Iに対して「お前はいつもミスばかり」「この仕事に向いていないから辞めたらどうだ」といった発言を頻繁に行い、Iを他の従業員の前で批判しました。この結果、他の従業員もIを避けるようになり、Iは強い孤独感から退職を検討するようになりました。

### ①問題点

（i）人格否定の発言

• 業務の改善を目的としない個人攻撃が行われた。

（ii）職場全体への悪影響

• 他の従業員にまで不信感が広がり、職場環境が悪化した。

### ②結果

　調査の結果、Hの発言はパワハラに該当し、懲戒処分が科せられた。また、Iに対しては産業カウンセラーを通じたメンタルケアが提供された。

### ③解決策

（i）ハラスメント防止研修の実施

• 上司に対し、適切な発言や指導に関する研修を強化した。

（ii）第三者相談窓口の設置

• 職場内のトラブルを相談できる外部窓口を設置し、早期対応を図る。

• 匿名相談を可能にし、報復を恐れずに声を上げられるようにした。

167

## ★パワハラトラブルを防ぐためのポイント

①ハラスメントポリシーの策定と徹底

- パワハラの具体例を含むガイドラインを作成し、定期的な周知を行う。
- 研修やポスター掲示で、従業員全員が理解できる環境を整備する。

②管理職へのスキル向上研修

- 適切な叱責の仕方や、部下を尊重した指導法を研修で学ぶ機会を提供する。
- パワハラと正当な指導の違いを具体例を通じて教育する。

③職場環境の定期的なモニタリング

- アンケートや個別面談を通じて従業員の声を拾い、早期に問題を発見する。
- 心理的安全性の向上を目指したフィードバック体制を構築する。

④相談窓口と外部機関の活用

- 社内にハラスメント相談窓口を設けると同時に、外部機関と連携し、中立的な対応を可能にする。
- 被害者に対するカウンセリングや配慮を徹底する。

【まとめ】

　パワハラトラブルは、職場の信頼関係を壊し、従業員の健康や企業の評判にも悪影響を与えます。具体的な事例から学び、ハラスメントを防止するための明確なポリシーや研修を整えることで、従業員が安心して働ける職場環境を構築することが求められます。

　企業が積極的に取り組む姿勢を示すことこそ、健全な労務管理の基盤となります。

　そのためには、何を言っても否定されず、安心して意見や悩みを話せる職場こそが、早期対応を可能にし、トラブルの未然防止につながります。

# 6　セクハラトラブル事例

　職場におけるセクシュアルハラスメント（セクハラ）は、従業員に深刻な心理的負担を与え、企業の信頼性や法的リスクに大きく影響する問題です。
　次に、セクハラトラブル事例を具体的に挙げ、その問題点、結果、解決策を解説します。

### 事例1：職場の飲み会での不適切な発言

　Ａ社では、職場の飲み会中に上司Ｂさんが部下Ｃさんに「結婚の予定は？」「そろそろいい人を見つけなきゃ」などの発言を繰り返しました。さらに、「君みたいなタイプが好きだ」などの発言もあり、Ｃさんは不快感を抱いていましたが、場の雰囲気を壊さないために黙っていました。
　後日、Ｃさんが「職場での関係に悪影響を及ぼす」として会社に相談しました。

### ①問題点

（ⅰ）プライバシー侵害
・個人的な話題への過度に踏み込み聞き出していた。
（ⅱ）権力構造の悪用
・上司という立場を背景にした不適切な発言があった。

## ②結果

会社の調査により、Bの発言はセクハラに該当すると判断され、懲戒処分が科された。また、Cに対して専門カウンセラーによるフォローアップが行われた。

## ③解決策

（ⅰ）職場飲み会でのルール策定

- 飲み会などの非公式な場でもセクハラが懲戒処分対象であることを全従業員に周知した。

（ⅱ）ハラスメント研修の実施

- 上司・部下を問わず、セクハラの定義と防止策について教育を行った。


## 事例2：身体接触を伴うハラスメント

D社では、上司Fが部下Eに対し、肩を揉む、過度に近距離で話すなどの身体的接触を繰り返しました。Eが「やめてください」と伝えても行動は改善されず、Eは精神的ストレスが蓄積し、最終的に体調を崩して休職することになりました。

## ①問題点

（ⅰ）被害者の意思を無視

- 被害者が「やめてください。」と伝えているにもかかわらず行動を継続していた。

（ⅱ）身体的接触の容認

- 職場での不適切な行為に対する管理体制の不備があった。

## ②結果

調査の結果、Fの行動はセクハラに該当すると認定され、懲戒処分が下された。Eには専門家によるカウンセリングや復職支援が提供された。

第6章　労使トラブル事例

### ③解決策
（ⅰ）ハラスメント相談窓口の設置
• 被害者が安心して相談できる窓口を設ける。
（ⅱ）再発防止策の導入
• 身体的接触の禁止を明文化し、従業員に徹底する。

### 事例3：メールやSNSを利用したセクハラ
　G社では、上司Hさんが部下Iさんに、勤務時間外にプライベートなメールを頻繁に送りつけていました。その内容には、「一緒に食事に行きたい」「会いたい」など、個人的な関係を求める内容が含まれており、Iさんは対応に困惑していました。

### ①問題点
（ⅰ）プライベートへの侵害
• 勤務時間外に個人的な連絡を送りつけていた。
（ⅱ）被害者の逃げ場の欠如
• 職場外でもハラスメント行為が続き、被害者が心理的に追い詰められた。

### ②結果
　調査の結果、Hの行為はセクハラに該当すると判断され、懲戒処分と異動が命じられた。Iには休暇の取得が認められ、心身の回復が支援された。

### ③解決策
（ⅰ）勤務時間外の連絡禁止ルール策定
• メールやSNSでの連絡に関するガイドラインを作成した。
（ⅱ）プライバシー尊重の教育
• 管理職を含む従業員全体に、プライバシーの時間や空間を尊重する意識を徹底した。

## ★セクハラトラブルを防ぐためのポイント

①ハラスメントポリシーの策定と周知

- セクハラの定義、対応手順、禁止行為を明文化し、全従業員に周知する。

②相談窓口の設置

- 内部または外部に相談窓口を設け、匿名でも相談できる仕組みを整備する。

③定期的なハラスメント研修

- 管理職や従業員を対象に、セクハラの具体例や防止策を教育する。

④．迅速かつ公正な対応

- セクハラが発覚した場合、迅速に事実確認を行い、加害者への適切な処分を実施する。被害者には精神的ケアを提供する。

⑤職場環境の定期チェック

- アンケートや面談を通じて、職場内の雰囲気や不安要素を把握し、改善を講じる。

【まとめ】

　セクハラは職場環境や従業員の心理的安全性を損ない、企業の評判や信頼にも深刻な影響を与えます。明確なルールの制定と教育の徹底、問題発生時の迅速な対応が重要です。

　従業員が安心して働ける職場環境を目指し、企業全体でハラスメント防止に取り組みましょう。


# 7　横領トラブル事例

　企業における横領トラブルは、従業員が業務上の権限を悪用して金銭や物品を不正に取得する行為であり、企業に経済的損失や信頼の低下をもたらします。

不正の背景には内部統制の欠如や監査体制の甘さがある場合が多く、適切な対策を講じることが不可欠です。

次に、横領トラブル事例を挙げ、それぞれの問題点、結果、解決策について解説します。

### 事例1：経費精算の不正

A社の営業部の従業員Bさんは、架空の領収書を作成し、経費精算を悪用して数百万円を横領しました。経費申請の際、特に上司や経理部によるチェックが不十分だったため、不正が見過ごされていました。

#### ①問題点
（ⅰ）経費管理体制の不備
・経費精算のチェック体制が甘く、不正が可能な環境にあった。
（ⅱ）内部監査の不足
・定期的な監査や調査が行われていなかった。

#### ②結果
不正が発覚したBは懲戒解雇され、会社は管理体制を見直すこととなった。

#### ③解決策
（ⅰ）経費管理システムの導入
・電子化された経費管理システムを採用し、不正がしにくい環境を構築した。

（ii）二重チェック体制の確立
- 経費精算は申請者・承認者のほか、第三者が確認する仕組みを導入した。

（iii）監査頻度の向上
- 経費精算内容を定期的に精査するプロセスを追加した。

## 事例2：社内物品の横流し

　D社の従業員Eは、会社の備品（パソコンや周辺機器など）を私的に転売し、不正な利益を得ていました。会社は備品の管理台帳が整備されていなかったため、長期間にわたり不正が見逃されました。

### ①問題点

（i）物品管理のずさんさ
- 資産管理台帳が整備されておらず、備品の流出が見逃されていた。

（ii）監査体制の欠如
- 備品の定期的な点検が行われていなかった。

### ②結果

　不正が発覚したEは懲戒解雇され、備品管理体制の再構築が急務となった。

### ③解決策

（i）資産管理システムの導入
- 備品の購入から廃棄までの流れを一元管理するシステムを導入した。

（ii）定期的な備品点検
- 棚卸を定期的に行い、備品の管理状況を確認するようにした。

（iii）監査体制の構築
- 資産管理担当者を置き、定期的な監査を実施するようにした。

174

## 事例３：外部取引によるキックバックの受け取り

　F社の営業担当Gは、特定の取引先から個人的にリベート（キックバック）を受け取る不正行為を行っていました。取引条件が不透明であったため、上司や経営陣は長期間問題を認識できませんでした。

### ①問題点

（ⅰ）取引条件の不透明さ

• 取引内容や契約条件が社内で十分に共有されていなかった。

（ⅱ）監査体制の不足

• 営業活動に関するチェックが形式的だった。

### ②結果

　問題が取引先からの告発で発覚し、Gは懲戒解雇され、会社は信頼を大きく損なった。

### ③解決策

（ⅰ）取引内容の可視化

• 契約書や取引条件を管理部門で一元管理し、全社で共有するようにした。

（ⅱ）営業活動の監査強化

• 定期的な営業活動の監査を実施し、取引先との関係性をチェックするようにした。

（ⅲ）倫理規定の周知

• キックバックの禁止を明文化し、全従業員に徹底した。

### ★横領トラブルを防ぐためのポイント

①内部統制の強化

• 経費精算、資産管理、取引内容の可視化を徹底し、複数人による確認プロセスを導入する。

• 単独で決済や管理ができない仕組みを整える。

②監査体制の充実
- 定期的な内部監査を実施し、不正の兆候を早期に発見する。

③社員教育
- 倫理規定や法令遵守に関する研修を定期的に実施し、不正行為のリスクを周知徹底する。

④システム導入の推進
- 経費管理システム、資産管理システムなどを導入し、不正を防止する仕組みを整備する。

⑤匿名通報制度の設置
- 社内外からの不正に関する通報を受け付ける窓口を設置し、早期対応を可能にする。

【まとめ】

　横領トラブルは、企業にとって経済的損失だけでなく、従業員や取引先との信頼関係を揺るがす重大な問題です。適切な内部統制の構築や監査体制の充実、従業員教育を通じて、不正が発生しにくい環境を整えることが重要です。

　万が一トラブルが発生した場合には、迅速かつ公正な対応を行い、再発防止策を徹底して信頼回復を図りましょう。

# 8　依存症トラブル事例

　依存症は、個人の生活だけでなく職場にも影響を与える問題です。しかも、依存症の問題は水面下で進行し、突然表面化することが多く、早期対応が求められます。対応を誤ると、労使トラブルや職場全体の士気低下につながることがあります。

　次に、依存症トラブル事例を挙げ、それぞれの問題点、結果、解決策について解説します。

### 事例 1：アルコール依存による就業態度の悪化

　A 社の従業員 B さんは、アルコール依存の影響で遅刻や欠勤が増え、勤務中にミスを繰り返すようになりました。上司は問題を認識しつつも対応が後手に回り、同僚からの不満も溜っていました。

#### ①問題点
（ⅰ）健康問題の放置
- B さんの依存症状に対し、適切なサポートを提供しなかった。

（ⅱ）就業規則の不備
- アルコール依存に関連する就業態度の指導が曖昧だった。

#### ②結果
　アルコール依存症が悪化し、3 か月間入院した。その後、1 年間依存症専門の施設に通いながら復職準備を進めた。

#### ③解決策
（ⅰ）早期介入とサポート
- 問題が発覚した時点で、面談を行い、アルコール依存症に詳しい医療機関やカウンセリングの利用を促進する。
- 依存症に関する研修を行い、依存症の特徴を知る。
- 自助グループや専門施設を検討する。

（ⅱ）就業規則の整備
- アルコール依存症やその他の依存症に関連する規定を明確化し、従業員に周知する。

（ⅲ）依存症に関する教育
- 依存症の影響や支援方法について研修を行い、職場全体で問題を共有する。

### 事例２：ギャンブルにのめり込み発覚した横領問題

C社の経理担当者Dさんは、会社の資金を不正に流用しました。その後、ギャンブルにのめり込み多額の借金を抱えていることが判明。医療機関でギャンブル依存症と診断されました。

#### ①問題点
（ⅰ）不正行為の兆候
- Dさんの金銭トラブルの兆候に気づきながら、個人的な問題だと思い確認しなかった。

（ⅱ）内部統制の欠如
- 資金管理体制に甘さがあり、不正行為が可能な状況だった。

#### ②結果
不正が発覚したDさんは懲戒解雇処分となった。

#### ③解決策
（ⅰ）内部統制の強化
- 経理業務に複数人のチェック体制を導入し、不正のリスクを低減する。

（ⅱ）従業員支援プログラムの活用

第6章　労使トラブル事例

• 精神的・経済問題を抱える従業員が相談しやすい環境を整備する。
（iii）依存症の知識
• 依存症の研修を行い、依存症の特徴を理解する。


## 事例3：SNSがやめられず、業務効率低下

　E社では従業員Fさんが勤務時間中に過度にSNSを利用しており、業務効率が低下していました。他の従業員にも悪影響を及ぼし、業務遂行に支障をきたしました。

### ①問題点
（i）職場のルールの未整備
• SNS利用に関する明確なルールがなかった。
（ii）指導不足
• Fさんへの適切な注意喚起やサポートが行われていなかった。

### ②結果
　Fさんの行動は周囲にも波及し、業務全体の生産性が低下。最終的にFさんは異動を命じられ、不満を抱いて退職した。

### ③解決策
（i）職場のルール策定
• SNS利用を含む勤務時間中の行動に関するガイドラインを作成し、全従業員に周知する。
（ii）依存症対策の研修
• 依存症の影響について研修を実施し、問題の理解を促進する。

## ★依存症トラブルを防ぐためのポイント
①早期発見と適切な対応
• 依存症の兆候に気づいたら、速やかに面談し、専門機関に繋げる。
• 依存症について詳しい医療機関や精神保健福祉センターへ相談し、適切な支援が受けられる体制をつくるようにする。

179

②就業規則の整備
- 依存症に関連する問題について明確な対応方針を規定し、従業員に周知する。

③従業員支援プログラムの導入
- 依存症に詳しい医療機関や回復施設、自助グループなどの情報を提供し、従業員が気楽に相談できる環境を整える。

④社内教育の充実
- 依存症の特徴や影響について正しい知識を広め、職場全体で理解を深める。

【まとめ】

　依存症は、欲求を自分の意思でコントロールできなくなる病気です。本人はその深刻さに気づかず、自力で克服しようとしても何度も失敗を繰り返す場合が多いです。周囲が叱責や処罰をしても解決にはつながらず、むしろ症状を悪化させる可能性があります。

　また、回復には時間がかかることが多いため、まずは周囲が専門機関に相談し、適切な支援方法を学ぶことが重要です。

# 9　年次有給休暇トラブル事例

　年次有給休暇（以下、年休と略称）は、従業員が取得を保障されている重要な休暇制度であり、適切に付与され、取得が確保される必要があります。しかし、管理や運用が不十分だとトラブルが発生することがあります。次に、年休トラブル事例を挙げ、それぞれの問題点、結果、解決策について解説します。

**事例１：有給休暇を理由とした不利益な扱い**

　A社では、従業員Bさんが業務が忙しい中で年休を取得しました。

その後、上司から「忙しいときに休むなんて無責任だ」と叱責され、次の人事評価で低評価を付けられました。Bさんは「年休取得を理由に評価が下がった」として会社に説明を求めました。

#### ①問題点
（ⅰ）年休取得の権利侵害
- 年休は従業員が取得を保障されているものであり、取得を理由に不利益を与えることは違法であること。

（ⅱ）管理職の意識不足
- 上司が年休に関する知識を十分に理解していなかった。

#### ②結果
　会社は、年休取得を理由に評価を下げていたことを認め、再度人事評価を見直した。

#### ③解決策
（ⅰ）年休取得のガイドライン策定
- 取得を理由とした不利益取り扱いの禁止を明文化し、周知徹底した。

（ⅱ）管理職教育
- 年休に関する研修を実施し、評価基準と休暇取得を切り離す意識を醸成するようにした。

### 事例2：年休の付与不足
　C社では、従業員Dさんが「入社後6か月後に10日分の年休をもらえるはずなのに付与されていない」と気づき、会社に相談しました。

　会社は、年休の付与日数について労働基準法を正確に理解しておらず、全従業員に対して適正な日数を付与していませんでした。

　その後、他の従業員からも同様の指摘が相次ぎました。

## ①問題点

（ⅰ）法定付与日数の未遵守

・労働基準法で定められた年休の付与基準を満たしていない。

（ⅱ）管理システムの不備

・年休の付与状況を正確に把握できる体制がなかった。

## ②結果

　全従業員に未付与分の年休を付与するとともに、管理体制の整備を行った。

## ③解決策

（ⅰ）勤怠管理システムの導入。

・年休の付与状況を正確に記録・管理できるシステムを導入した。

（ⅱ）法令遵守。

・年休の付与基準を正確に理解し運用するようにした。


## 事例3：年休の時季変更権の乱用

　E社では、従業員Fさんが「来月年休を取得したい」と申請しましたが、上司が業務を理由に繰り返し取得を拒否しました。Fさんは「これでは年休を取ることができない」と不満を抱き、会社に対して是正を求めました。

## ①問題点

（ⅰ）時季変更権の乱用

・業務に重大な支障がないにもかかわらず、休暇取得を拒否していた。

（ⅱ）従業員の権利侵害

・年休取得を妨げる行為は労働基準法違反となる可能性がある。

## ②結果

　年休を取得できるように配慮するようにした。

第6章　労使トラブル事例

### ③解決策

（ⅰ）時季変更権の適正運用

- 業務の正常な運営を妨げる場合にのみ行使し、その理由を具体的に説明するようにした。
- やむを得ず変更を求める場合は、代替日を提示し、合理的な調整を行うことを徹底する。

（ⅱ）代替案の提示

- どうしても年休を変更してもらいたい場合、事前に取得可能な時期を提案し、従業員と話し合う。
- 代替案を提示する際は、一方的な押し付けではなく、従業員の意向を尊重する。

（ⅲ）計画的付与の導入

- 業務の繁忙期や人員配置を考慮しながら、あらかじめ年休取得計画を立てることで、取得の偏りを防ぐ。
- 企業側が従業員の年休取得を促進する仕組みを整え、計画的な付与を行うことで、業務への影響を最小限に抑える。

### ★年休トラブルを防ぐためのポイント

①早期発見と適切な対応

- 年休の取得実績や従業員の申請状況を定期的にチェックし、取得しにくい雰囲気が生じていないか、問題が起きていないかを早めに把握する。
- 相談があれば速やかに面談を行うなど、トラブルを拡大させないように努める。

②就業規則や社内ルールの整備・周知

- 年休の付与基準や申請・取得手続を明確にし、従業員に周知する。
- 時季変更権の行使条件や上司の判断基準も、具体的にルール化す

183

る。
- 計画的付与を導入し、業務の繁忙期を考慮しながら年休取得を促進する。

③管理職・従業員の相互理解の促進
- 管理職向けに年休に関する教育や研修を実施し、違法になるケースやリスクを十分に理解してもらう。
- 従業員に対しても、正しい手順で年休を申請し、必要に応じて早めの相談を行うよう促す。

④コミュニケーションとサポート体制の強化
- 年休取得に関する質問や懸念があれば、担当部署や上司が相談を受け付ける窓口を設置する。
- 繁忙期などに休みを取得しづらい場合でも、できる限りスムーズに調整できる体制を整える。

【まとめ】

　年休は従業員の取得を保障されている制度であるため、適切な管理と柔軟な対応が求められます。

　トラブルを未然に防ぐためには、法令を遵守したルールの整備と周知、従業員とのコミュニケーションが不可欠です。年休が取りやすい環境を整えることで、従業員満足度を向上させ、職場の生産性を高めることができます。

# 10　カスハラトラブル事例

　カスタマーハラスメント（以下、カスハラと略称）は、顧客が企業や従業員に対して過度な要求や不当な言動を行う行為を指します。カスハラが発生すると、従業員の精神的・身体的な健康が損なわれるだけでなく、職場全体の士気や生産性にも悪影響を及ぼしま

す。
　次に、カスハラトラブル事例を挙げ、それぞれの問題点、結果、解決策について解説します。

### 事例１：執拗なクレームによる精神的負担
　Ａ社のコールセンターで働く従業員Ｂさんは、顧客Ｃさんから頻繁に同じ内容のクレームを受けていました。顧客Ｃさんは対応中に暴言を吐き、Ｂさんを名指しで責め続けました。Ｂさんは精神的な負担が大きくなり、最終的に休職することになりました。

### ①問題点
（ⅰ）対応基準の曖昧さ
- クレーム対応のガイドラインが不明確で、１人で対応してしまった。

（ⅱ）従業員保護体制の不備
- 精神的負担が多いのにもかかわらず、上司や同僚が適切にフォローしなかった。

### ②結果
　会社はカスハラ対応体制の見直しを行った。

### ③解決策
（ⅰ）クレーム対応マニュアルの作成

- クレーム対応の限度や対応フローを明確化し、従業員を保護した。

（ⅱ）エスカレーション体制の導入

- 長時間のクレーム対応や過剰な要求に対して、上司や専門部署へ迅速に引き継ぐ仕組みを構築した。

## 事例2：過剰なメール・電話での苦情

　C社では、顧客Dさんから毎日のように長文メールと電話が寄せられ、苦情の内容も過去の同様の案件がほとんどでした。これにより、担当者Eさんは業務に支障をきたしていました。

### ①問題点

（ⅰ）顧客対応の時間管理不足

- 苦情処理に過剰な時間を費やし、通常業務が滞っていた。

（ⅱ）繰り返しの苦情への仕組み不足

- 同様の苦情が続く場合の対応基準が不明確だった。

### ②結果

　業務の遅延が発生し、他の従業員に負担が増大した。

### ③解決策

（ⅰ）苦情対応の時間制限導入

- 苦情に対応する時間枠を設け、それを超える場合はメールなどで対応した。

（ⅱ）問題の記録と分析

- 繰り返される苦情を記録し、根本的な解決策を検討した。

## 事例3：不当な返金要求と長時間拘束

　F社の受付で働くGさんは、顧客Hさんから「購入した商品が気に入らない」として返金を求められました。Hさんの要求は正当性がなく、Gさんが断ると「責任者を呼べ」と数時間にわたり受付

で居座られました。

## ①問題点

（ⅰ）不当要求への対応基準不足

- 不当な返金要求に対する明確なルールがなかった。

（ⅱ）従業員の長時間拘束

- 無意味な議論に長時間付き合わされる環境を放置していた。

## ②結果

　Gさんが過度の負担を理由に退職し、職場の人員不足が深刻化した。

## ③解決策

（ⅰ）返金対応ポリシーの明確化

- 返金可能な条件や対応フローを明確に定め、不当要求には毅然と対応するようにした。

（ⅱ）交代制の導入

- 1人の従業員が長時間拘束されないよう、交代で対応する仕組みを構築した。

## ★カスハラトラブルを防ぐためのポイント

①早期発見と適切な対応

- 従業員から顧客対応の辛さや長時間拘束などの相談があった場合、早めに状況を把握し、管理職や専門部署が積極的にフォローする。
- 長時間にわたるクレーム対応や過剰な要求が続く際は、速やかに上司や専門部署にエスカレーションできる体制を整えておく。

②就業規則や社内ルールの整備・周知

- カスハラに該当する言動・行為の定義や、対応方針を明文化して従業員に周知する。
- 不当要求に対する対処法や、業務を進める上で許容できる範囲を

187

ガイドライン化し、迷いなく対応できるようにする。

③従業員保護の仕組みと支援策

- カスハラによるストレスや精神的負担を軽減するために、カウンセリング窓口やメンタルヘルスケア体制を整備する。
- 過度のクレームや不当要求の現場に1人で対応させず、交代や同僚のサポートを受けられる仕組みを導入する。

④社内教育の充実

- 顧客とのトラブル防止・対処法を学ぶ研修を実施し、従業員が適切な対応手順を身につけられるようにする。
- 管理職に対しては、カスハラが疑われるケースの早期介入と従業員を守る重要性を強調し、リーダーシップ教育を行う。

⑤外部機関との連携

　暴言や脅迫があった場合は、警察や法律の専門家と迅速に連携し、従業員の安全を最優先に守る。事前に対応フローを策定しておくと、現場での混乱を最小限に抑えられる。

【まとめ】

　カスハラトラブルは、明確な対応基準と従業員保護策を整えることで未然に防ぐことができます。企業は「カスハラに毅然と対応する」という方針を打ち出し、従業員が安心して働ける環境を整えることが重要です。具体的には、対応マニュアルを策定し、対応フローを標準化することで現場の負担を軽減し、定期的な研修やシミュレーションを通じて実践的な対応力を養うことが必要です。

　さらに、カスハラを受けた際に迅速に相談・支援を受けられる窓口を設置することで、従業員の精神的負担を軽減することができます。こうした取り組みによって、従業員が安心して業務に集中できる環境が整い、主体性が高まり、結果として企業全体の成長と顧客満足度の向上につながります。

# 第7章
## 労使トラブルを
## 成長のチャンスに変える

# 1 労使トラブル解決後に潜むリスクを見逃さない

## 本来の目的を明確にする

　労使トラブルが一旦収束すると、ひとまず安心するものです。しかし、その安心感がかえって課題や計画の先送りにつながり、最終的にはそれらが放置されるケースが少なくありません。

　たとえば、「1年間かけて組織を改革する」という計画が立てられていたとしても、問題が解決したことで「もう必要ない」と判断され、計画が立ち消えになってしまうことがあります。こうした状況では、トラブルの根本原因が解消されないまま放置され、数年後により深刻な問題を引き起こすリスクが高まります。

　そして、再びトラブルが発生した際には、以前よりも悪化していることも珍しくありません。そのため、労使トラブルが解決した後こそ、会社としての本来の姿や存在理由、目的を改めて問い直すことが求められます。

## 会社の存在理由を問い直す

　労使トラブルを根本的に解決するには、「会社が何のために存在するのか」を改めて問い直すことが重要です。このプロセスは、問題解決だけに留まらず、組織の本質的な改善に直結します。

　たとえば、会社のビジョンやミッションを明確にし、日々の業務に結びつけることで、従業員が自身の役割を理解しやすくなり、モチベーションの向上につながります。

　さらに、トラブル解決後の取り組みを会社の存在理由に関連づけることで、短期的な対処療法ではなく、長期的な組織改革を実現できます。

第 7 章　労使トラブルを成長のチャンスに変える

製造業であれば「高品質な製品で地域社会に貢献する」、サービス業では「お客様の期待を超えるサービスで生活を豊かにする」といった目的を掲げることで、組織全体の方向性が明確になります。

### 解決後の計画を具体化する

労使トラブルが解決した直後は、会社の目指すべき姿や目的を具体的な行動計画に落とし込む絶好のタイミングです。問題解決後のエネルギーを活用して、「今後どのように組織を改善していくか」を明確にし、それを実行に移すことが大切です。

### 目的意識を共有し続ける

会社の目的は、一度明確にしただけでは十分ではありません。それを継続的に組織全体で共有し続けることで、従業員 1 人ひとりが自分の役割を目的に結びつけて考えるようになります。定期的なミーティングや勉強会、目標の見直しなどを通じて目的意識を再確認し、高めていく取り組みが欠かせません。

労使トラブルを成長のチャンスに変えるには、解決後に本来の目的を問い直し、それを具体的な行動計画に落とし込み、組織全体で共有し続けることが鍵です。このプロセスを繰り返すことで、トラブルが発生するたびに組織はより強く成長し、持続可能な発展を遂げることができるのです。

## 2　経営者と従業員の信頼関係を再構築する方法

### 問題に正面から向き合う

信頼関係の再構築の第一歩は、問題に正面から向き合う姿勢です。トラブルが発生した際、経営者が現場の状況を無視したり、責任を

回避しようとする態度を取ると、従業員の不満はさらに高まります。逆に、問題に対して迅速かつ誠実に対応する姿勢を示すことで、「経営者は自分たちの声を真剣に受け止めている」と感じてもらうことができます。

　具体的には、従業員に対して「何が問題だったのか」「どのように感じたのか」を率直に尋ねる場を設けることが重要です。この際、従業員が安心して意見を述べられるよう、批判や責任追及ではなく、解決策を見つけるための話し合いであることを明確にすることが大切です。

　従業員の声を聞くだけでなく、経営者の視点や判断基準についても率直に説明することで、従業員が経営側の立場や苦労を理解する機会にもなります。

## 謝罪と行動での誠意を示す

　信頼回復のプロセスでは、経営者が自らの対応や判断について謙虚に振り返る姿勢を示すことが重要です。特に経営側に不手際や配慮が不足していた部分があった場合には、その点を率直に認めた上で、謝意を伝えることが信頼を取り戻す第一歩となります。

　この際、謝意や認識を示すタイミングを逃さず、できるだけ早く行うことが大切です。「後で説明しよう」と先延ばしにすると、従業員の不信感が増幅する可能性があります。

　また、言葉だけでなく、具体的な行動を通じて誠意を示すことが求められます。たとえば、問題の再発防止に向けた具体的な改善策の実行や、従業員が安心して働ける環境の整備などの取り組みを通じて、「この問題を本気で解決しようとしている」という姿勢を示すことが重要です。

192

第7章 労使トラブルを成長のチャンスに変える

### 継続的な誠実さと一貫性

　信頼関係を再構築するには、一貫性を持って誠実に取り組み続けることが不可欠です。短期間で信頼を完全に回復するのは難しいため、継続的な努力が求められます。

　たとえば、問題解決後も改善した労務管理体制を継続的に運用し、その成果を定期的に従業員と共有することで、経営者が「信頼できる存在」であると認識されます。この一貫した姿勢が、従業員の信頼を深め、組織全体の安定感を生む土台となります。

### 信頼関係の強化がもたらす組織の成長

　信頼関係の再構築は時間がかかるプロセスではありますが、その努力の結果として、組織全体の結束力が高まり、トラブルが組織の成長につながる貴重な機会となります。

　信頼関係が回復することで、従業員は安心して働ける環境で能力を発揮し、経営者も従業員からの支持を得ることで、組織をさらに前進させるための基盤を築けるのです。

## 3　自己理解の重要性とその影響

### 自分を知ることから始まる

　労使トラブルを解決した後、企業がさらなる成長を遂げるためには、人材育成が欠かせません。その第一歩となるのが「自分を知ること」です。多くの人は他者を客観視することは得意でも、自分自身を正確に理解するのは意外と難しいものです。

　自己理解を深めることで、自分の行動が周囲に与える影響を認識し、成長のための具体的な道筋を見つけることができます。

## 自分を知ることの重要性

自己理解は、成長の基盤を築くだけでなく、職場の人間関係やチームワークを向上させる鍵でもあります。たとえば、経営者が自分のリーダーシップの特徴を振り返り、従業員の意見を受け入れる姿勢を持つことで信頼が深まり、チーム全体のまとまりが生まれることがあります。

同様に、従業員が自分の行動が職場に与える影響を認識することで、前向きな姿勢で仕事に取り組むようになり、トラブルの減少にもつながります。

自己理解は、個人の成長だけでなく、職場全体をよりよい方向へ導く原動力となるのです。


## 過去の経験から自分を知る

私自身も、これまで「自分に何が向いているのか」を模索してきました。20代の頃、役者を目指して東京の劇団を転々としていた際、お笑い芸人になるよう誘われたことが転機となりました。

最初は「自分にはお笑い芸人なんて無理だ」と思いましたが、「芸能界で成功したい」という思いから相方を見つけコントを始めました。結果的に挫折し、ギャンブル依存に陥り、お笑い芸人としての道を断念しましたが、この経験は私にとって大きな財産となりました。

お笑い芸人として舞台に立ったことで身につけた「度胸」や「コミュニケーション力」は、現在の研修講師や講演活動において非常に役立っています。

失敗や挫折も含め、過去を振り返り、それらの経験をどう活かすかを考えることで、自分の強みを最大限に引き出す方法を見つけることができたのです。

第7章 労使トラブルを成長のチャンスに変える

### 自分を知ることが組織を変える

「自分を知ること」は、個人の成長だけではなく、組織全体の変革をもたらします。自己理解を深めた経営者は、従業員の声に耳を傾け、透明性のある意思決定を行うことができるようになります。同様に、自己理解を深めた従業員は、自分の役割や行動が職場環境に与える影響を理解し、トラブル解決や組織改善に積極的に関与するようになります。

自己理解が広がることで、組織全体がより協力的で生産的な環境に変わるのです。

### 成長の第一歩を踏み出す

自己理解は、個人としての成長を促し、組織全体の成功を支える重要な第一歩です。失敗や挫折を含めた経験を活かし、行動に反映させることで、よりよい未来を築くことができます。

ぜひ、皆さんも自分自身を深く知り、そこから新たな一歩を踏み出してください。それが、職場や組織における信頼関係の強化と成功への道を切り開く鍵となるのです。

## 4 他人よりも自分を変えるほうが簡単な理由

### 自分が変わることで得られる効果

人は、環境や人間関係に不満を抱くと、つい他人や外部に変化を求めがちです。しかし、他人を自分の思い通りに変えるのは非常に困難です。それよりも、自分の言動を少し変えるだけで、驚くほど周囲の状況が変わることを体験できます。

特に、リーダーや経営者のように影響力の大きな人が変化を示すと、その影響は周囲の従業員に波及し、組織全体によい変化をもた

らします。自分が変わることで他者の行動や態度が変化するこのプロセスは、個人の成長と組織の成功に欠かせない重要な要素です。

## 小さな行動の積み重ねが大きな変化を生む

「自分を変える」と聞くと、大きな変化を求められるように感じるかもしれません。しかし、実際には、日常の中での考え方や行動をほんの少し変えてみることから始めれば十分です。たとえば、部下に対して「ありがとう」と伝える機会を増やすことを意識してみてください。

また、「手放す」という視点も重要です。過去の成功体験や固定観念、完璧主義、あるいは「自分が正しい」というこだわりを少しずつ手放してみましょう。これらの執着を減らすことで、心に余裕が生まれ、新しい考え方や行動が自然と身についていきます。

たったこれだけの小さな変化が、職場の人間関係や環境を少しずつ改善し、最終的にはチーム全体や組織全体によい影響を与え、大きな成果をもたらすのです。

## 自分が変わることで周囲も変わる事例

私が関わったある企業での事例をご紹介します。

その企業では、リーダーの態度に対する部下の不満が多く寄せられていました。リーダーは「自分の指示が受け入れられないのは部下の問題だ」と考えていましたが、フィードバックを受け、自身の態度を見直し、次の行動を始めました。

• 部下の話を最後まで聴くことを意識する。
• 感情的な発言を控え、冷静な対応を心がける。
• 部下に感謝の言葉を伝える。
• 「自分の正しさ」にこだわらず、柔軟に対応する。

第 7 章　労使トラブルを成長のチャンスに変える

この変化によって、部下の態度が明らかに改善し、職場の雰囲気がよくなりました。さらに、信頼関係が深まったことで、チーム全体の仕事の成果も向上しました。これは、「自分の行動や意識を変えるだけで周りの人たちも変化する」ということを実感できたケースでした。

## 自分が変わることで周りが変わることを実感しよう

自分が変わっても、自分自身ではその変化を実感できないことがあります。しかし、周囲の人々の行動や反応が変わることで、自分の変化が与える影響を確認することができます。

このプロセスは、自分の成長を実感し、さらによい変化を起こすための重要なステップです。

たとえば、これまであまり話しかけてこなかった同僚が、自分が笑顔で挨拶を続けることで自然に会話を増やしてくれるようになることがあります。家族との間でも、感謝の言葉を意識して伝えるようになると、次第に家族からも感謝の言葉が返ってくるようになるでしょう。また、「変わるためには何かを手放すことが必要だ」と意識することも重要です。たとえば、

- 「過去の失敗を引きずることを手放す」
- 「完璧を求めすぎる姿勢を手放す」
- 「他人をコントロールしようとする気持ちを手放す」

こうした執着を減らすことで、心が軽くなり、周囲の変化をより前向きに受け入れることができるようになります。

## 自分の変化を楽しむ

うまくいかないことがあるときこそ、「自分に何ができるか？　または何を手放していくのか？」を問いかけ、自分の変化を楽しんで

197

みましょう。

　たとえば、「なぜあの人は変わらないのか？」と悩むのではなく、「自分にはどんなことができるだろうか？」と考えたり、「『こうあるべきだ』という思い込みを手放してみよう」と意識したりすることで、ストレスが減り、より柔軟な対応ができるようになります。

　そして、自分が変わることで、周囲にもよい影響を与え、信頼関係や環境の改善につながります。

　このプロセスを楽しむことが、自分自身の成長だけでなく、組織をよりよい方向に導く第一歩となるのです。

# 5　職場だけではない労使トラブルの原因

## 労使トラブルの背景にある人間関係の問題

　労使トラブルの原因は職場内の問題だけではありません。その背景には、家庭や夫婦関係といった職場外の要因が深く関わっている場合が少なくありません。家庭内の不和やストレスが職場での態度や行動に影響を与え、結果的に労使トラブルの引き金となることもあります。

　たとえば、日本では2022年に婚姻件数が約50万件であったのに対し、離婚件数は約18万件と、約36%という高い割合を記録しています。この統計は、家庭内の安定を保つことの難しさを如実に示しています。家庭での安定を欠くと、人はその安らぎや安心感を職場に求めがちです。

　しかし、職場がそのすべてを受け止めることは現実的に困難であり、このような状況が続くと心身のバランスを崩し、職場でのトラブルを引き起こすリスクが高まります。こうした背景を踏まえると、職場外の要因にも目を向けることが重要だといえます。

## 夫婦関係の難しさ

　「最も複雑で繊細な人間関係」の1つに、夫婦関係があります。夫婦は最も身近な存在であるがゆえに、些細な言動が相手に深く影響を与えます。日々のすれ違いや会話が減少すると、無意識のうちに心の距離が生まれ、関係が冷え込むことも少なくありません。

　結婚生活では、お互いの価値観や性格をさらけ出し、異なる環境や背景の違いに直面します。初めのうちは愛情や新鮮さで乗り越えられることもありますが、日常生活の中で小さなすれ違いが積み重なると、やがて大きな衝突へと発展することがあります。

　たとえば、「家事の分担」や「子育ての方針」といった課題で意見が対立し、それが解決されないまま放置されると、不満が蓄積し、信頼や思いやりが徐々に薄れていきます。その結果、離婚に至る夫婦も少なくありません。

　私自身も、ギャンブル依存症とそれに伴う借金問題で夫婦関係が揺らぎ、離婚寸前まで追い込まれた経験があります。しかし、その過程で学んだのは、相手に変化を求める前に、まず自分の言動を見直すことの重要性でした。自分の振る舞いや考え方を少しずつ修正していくことで、夫婦間の信頼を取り戻し、関係を修復することができたのです。

## 衝突から学ぶこと

　夫婦間の衝突や意見の不一致は避けられないものです。しかし、その向き合い方次第で、信頼関係を深めるきっかけにもなります。私がギャンブル依存症から回復する過程で得た教訓の1つに、「ま

ずは自分の考え方や行動を変えてみる」という姿勢の大切さがあります。

この教訓を実践するために、自助グループを立ち上げ、同じような悩みを持つ仲間とともに、自分自身の課題に向き合ってきました。その結果、生活が少しずつ改善され、感謝の気持ちが芽生えるようになりました。このような小さな変化の積み重ねが、夫婦間の信頼を再構築し、家庭全体の再生につながったのです。

この経験は、職場での人間関係にも応用できると感じています。自分の態度や考え方を見直すことで、周囲との関係性が変わることは、家庭でも職場でも共通して言えることだからです。自己改善を意識することが、信頼関係を築く上での基本となります。

**職場と家庭の相互作用**

家庭の中で安心感や信頼関係が築かれると、人は心に余裕を持ち、それが職場での良好なコミュニケーションやパフォーマンスにつながります。一方で、家庭でのストレスが解消されない場合、その影響が職場にも波及することは避けられません。

ギャンブル依存症からの回復を通じて、「最も身近な人との関係を見直すことが心の安定を取り戻す鍵である」と学びました。家庭と職場は互いに密接に関わり合っており、一方が改善されるともう一方にもよい影響を与えるのです。

第 7 章　労使トラブルを成長のチャンスに変える

### 人間関係を見直すことの重要性

　最も身近な環境から丁寧に関係を築くことが、職場にも安心感と
信頼を広げる鍵となります。家庭内の信頼が職場にも波及し、結果
として職場環境の改善や組織の成長を促す効果が期待できます。

　家庭と職場のバランスを意識し、人間関係を見直すことは、心の
安定と成功への道を開く大切なステップです。自分自身を振り返り、
家庭と職場の双方でよりよい人間関係を築く努力を始めてみましょ
う。それは、あなた自身の成長だけでなく、周囲にもポジティブな
影響を与え、結果的に組織全体を活性化する力となるのです。

# 6 トラブルをきっかけに企業文化を改善する

### 企業文化を改善する重要性

　企業文化は、一朝一夕で変わるものではありません。しかし、労
使トラブルのような大きな出来事は、組織全体を見直し、文化を改
善する絶好のチャンスとなります。トラブルを単なる問題解決で終
わらせるのではなく、これを機に溜まっていた負のエネルギーを解
放し、組織の「大掃除」をする感覚で取り組むことが重要です。

　たとえば、これまで曖昧だったルールや課題を整理し、新たなス
タートを切るきっかけとすることができます。このような取り組み
によって、企業文化をより強固で活気のあるものに変え、従業員が
誇りを持てる組織をつくるチャンスが広がります。

### 労使トラブルが企業文化改善のきっかけになる理由

　労使トラブルは、普段は見過ごされがちな組織の課題を明らかに
する貴重な機会です。これらの課題に真摯に向き合い、その解決プ
ロセスを組織全体で共有することが、企業文化改善の第一歩になり

201

ます。たとえば、従業員との対話を通じて、組織が無意識に行っていた不公平な慣習や不透明なルールが浮き彫りになることがあります。これを「組織の大掃除」として捉え、必要な見直しと改善を行うことで、組織の土台をより健全で強固なものへと変えていくことができます。

## トラブルがもたらすポジティブな影響

適切な対応を行えば、トラブルは単なる負担ではなく、組織を進化させる原動力となります。トラブル解決のプロセスを通じて、新しい価値観やビジョンを共有することができれば、従業員 1 人ひとりのモチベーションやエンゲージメントを高める効果が期待できます。

たとえば、「心理的安全性」を重視する文化を根付かせると、従業員が自由に意見を言いやすい環境が整い、そこからイノベーションや積極的な提案が生まれやすくなります。このような改善は、トラブルが発生したからこそ可能となるポジティブな変化です。

## トラブル後の行動が企業文化の変化を定着させる

トラブル解決後に最も重要なのは、得られた学びをどう活かし続けるかです。一度解決したからといって安心するのではなく、定期的に課題を見直し、問題解決の過程で生まれたよい習慣を組織全体に定着させる必要があります。

大掃除をした後に部屋を綺麗に保つように、組織もまた、トラブルを機にリフレッシュした状態を維持する努力が求められます。具体的には、定期的なルールの見直しや、全従業員が参加できる改善提案の仕組みを取り入れることで、企業文化の成長を持続させることができます。

第 7 章　労使トラブルを成長のチャンスに変える

# 7　人は変われるを前提とする

## 「人は変われる」への疑問と可能性

　「人は変われる」という言葉を聞いたとき、希望を感じる一方で、「本当に変われるのだろうか？」と疑問を抱く人もいるかもしれません。過去の失敗や職場での問題行動を繰り返す従業員の姿を見れば、そう考えるのも無理はありません。

　しかし、私はこれまでの人生や仕事を通じて、「人は変われる」という事実を何度も目の当たりにしてきました。

　その経験は、私自身の人生や職場でのトラブル解決、人材育成における考え方の基盤となっています。「人は変われる」と信じることは、個人の成長だけでなく、職場や組織の成長を促進する力を持っています。

## 私自身の経験から学んだこと

　ギャンブル依存症に陥り、借金に苦しんでいた頃の私は、問題から逃げるばかりで、状況は悪化する一方でした。しかし、「このままでは終わりたくない」と心から願い、問題に正面から向き合う決意をした瞬間、少しずつ変わり始めました。

　変化には時間がかかりましたが、自分の行動や考え方の裏にある根本的な原因を深く見つめ直し、一歩ずつ前進することで、人生を取り戻すことができました。この経験から、「人は本気で変わりたいと願えば変われる」という確信を得ました。そして、「変化」には適切な環境やサポートが不可欠であることも同時に学びました。家族や友人、仲間や専門家の支援がなければ、私の回復は不可能だったと思います。

203

## 職場における変化の可能性

　この教訓は、職場での労使トラブルや問題行動を起こす従業員への対応にも当てはまります。ただ厳しく批判したり罰を与えるだけでは、根本的な解決にはなりません。

　その人が「なぜその行動を取るのか」を理解し、背景に目を向けることが重要です。

　たとえば、職場のルールを守らない従業員がいた場合、その裏には職場での人間関係のストレスや家庭の問題、スキル不足といった要因が隠れているかもしれません。これらを無視して対処すれば、一時的に問題が解消されても、再発のリスクは高いままです。

　変化を促すには、理解とサポートが必要です。じっくり話を聞き、問題の根本を探り、その人が前向きに変わるための適切な役割やスキルアップの機会を提供することで、変化の土台を築くことができます。

## 忍耐と信じる心が変化を支える

　「人は変われる」と信じて関わることには、忍耐が求められます。変化は一朝一夕では起こらず、時には後退することもあります。しかし、その過程を見守り、支え続けることで驚くような変化が生まれることがあります。

　実際に、かつて「問題社員」とされていた人たちが、適切な役割やサポートを受け、組織の柱となるまで成長したケースを何度も見てきました。彼らは「自分の可能性を信じてくれる人」に支えられることで、自信を取り戻し、強みを発揮するようになり、周囲にもよい影響を与えるようになったのです。ギャンブル依存に苦しんでいた仲間も支援を受けて危機を乗り越え、今は希望する仕事に就き、同じ悩みを持つ人たちを支援するまでに回復しました。

### 変化が組織全体に与える影響

「人は変われる」という考え方を職場全体で共有することは、組織風土を大きく変える力を持っています。個人の変化が職場の雰囲気を改善し、他の従業員にも「自分も変われる」という希望を与えるのです。

たとえば、以前は周囲との摩擦が多かった従業員が、スキルアップや適切なサポートを受け、リーダーシップを発揮するようになると、同僚や部下のモチベーションも向上します。このような好循環を生み出すためには、経営者や上司が変化を信じ、必要なサポートを提供し続けることが欠かせません。

### 変化を信じる心の重要性

変化の第一歩は、「人は変われる」と信じることです。その信念がなければ、問題を抱える従業員を支える行動にはつながりません。たとえ目に見える変化がすぐに現れなくても、根気強く接し、適切な環境を整えることで必ず変化は起きます。変化を信じる心とそれを支える行動は、職場全体をよりよい方向へ導く原動力です。

個人の変化が組織全体の成長につながり、その成功を実感したとき、得られる喜びは何にも代えがたいものです。

## 8 たった1人でも組織は変えられる

### 小さな行動が生む大きな影響

「たった1人の力で組織なんて変えられるわけがない」と感じる方もいるかもしれません。特に、問題が長年積み重なり、硬直した人間関係や職場環境が続いている場合、そのような思いを抱くのは無理もありません。しかし、組織は人と人の集まりです。1人の行

動や意識の変化が波紋のように広がり、やがて組織全体に大きな変化をもたらすことを、私はこれまでの労使トラブルに携わる中で何度も目にしてきました。

　たとえば、職場の雰囲気が冷え切り、従業員同士が最低限の会話しかしない環境で、１人が感謝の言葉を日常的に使い始めると、その言葉が徐々に周囲に広がり、コミュニケーションが増え、職場全体の雰囲気が改善されていくことがあります。このように、小さな行動が大きな変化を生むのです。

**特別な権限や役職は必要ない**

　組織を変えるためには、特別なスキルや権限、役職が必要だと思われがちですが、実際にはそうではありません。重要なのは、日常の中でできる小さな行動を積み重ねることです。

　たとえば、朝の挨拶を元気よく始める、困っている同僚に声をかける、周囲の意見に耳を傾けるといった些細な行動が、職場の雰囲気を少しずつ変えていきます。

　こうした行動は、やがて周囲に「自分も変わりたい、成長したい」と考えさせ、職場全体の変化を促します。

**変化には忍耐と時間が必要**

　もちろん、変化は一朝一夕には起こりません。周囲がすぐに反応を示さないこともありますし、最初はその行動を疑問視する人や批判する人もいるかもしれません。しかし、それでも行動を続けるこ

とで、少しずつでも確実に変化が生まれます。重要なのは、変化を信じて行動を続けることです。

　また、周囲が変化に気づき始めた段階では、その芽を育てるためにさらに支援や協力を行うことが必要です。1人が始めた行動が周囲を巻き込み、やがて組織全体に影響を与えるプロセスは、時間とエネルギーを要するものですが、その結果は非常に大きな価値をもたらします。

## 持続可能な変化を目指す

　たった1人の行動から始まった変化が組織全体に広がるためには、その変化を持続可能なものにするための仕組みづくりが必要です。たとえば、改善の兆しが見えた段階で、成功事例を共有したり、チーム全体で振り返りの場を設けることで、変化を定着させることができます。

　また、組織としてその行動を評価し、支援する風土を育てることも重要です。たとえば、前向きな行動や提案を行った従業員を表彰する仕組みを導入することで、変化を促進し、組織の価値観として根付かせることができます。

## 1人の力が組織を変える可能性を信じて

　たった1人でも、組織は変えられます。それは特別なスキルや地位によるものではなく、小さな行動と変化を信じる心から生まれる力です。その力は、周囲の人々に希望を与え、組織全体を前向きな方向へと導きます。1人の行動が、やがて組織全体の文化を変え、持続的な成長をもたらします。その可能性を信じ、一歩を踏み出すことが、組織の未来を築く第一歩となるのです。人には、無限の可能性があります。無限の可能性を信じて関わってみましょう。

207

# 9 ピンチがチャンスに変わるとき

## ピンチの本質を見抜く

　ピンチ——それは、従来のやり方や考え方が通用しなくなったときに訪れる「限界のシグナル」とも言えます。業績の低迷、労使トラブル、従業員の離職など、企業が直面する多くの問題には、既存の仕組みや体制の課題が隠されています。これらの問題を「ただ困った状況」として避けるのではなく、「何を改善すべきかを教えてくれるヒント」として捉えることが重要です。ピンチの裏には、成長や改善のヒントが隠されていることが多く、そこに目を向けることが、チャンスへの第一歩となります。

　たとえば、顧客からのクレームが相次ぐ状況では、単に謝罪を繰り返すのではなく、クレームの背景にある顧客の期待やニーズを深く掘り下げることが、新たなサービスの創出や顧客満足度の向上につながります。このように視点を変えることで、ピンチは組織の変革の原動力となるのです。

## チャンスを掴むためのステップ

　ピンチをチャンスに変えるためには、具体的な行動が必要です。以下の３つのステップを実行することで、危機を乗り越え、新たな可能性を切り拓くことができます。

① 根本原因を深掘りする

　表面的な問題にとどまらず、その背景にある根本原因を徹底的に分析します。たとえば、顧客満足度の低下という問題があった場合、その原因を「サービスの質が低いから」と短絡的に結論づけるのではなく、「どの部分が顧客の期待に応えられていないのか」を詳細

第 7 章　労使トラブルを成長のチャンスに変える

に調べる必要があります。

　これにより、問題の本質にアプローチすることができます。

② 　解決策を具体化する

　問題の本質が見えてきたら、それを解決するための行動計画を立てます。ここで重要なのは、既存の枠組みに縛られないことです。新しい視点やアイデアを取り入れることが、ピンチをチャンスに変える鍵となります。

　たとえば、従業員の離職が相次ぐ場合、ただ離職率を下げる対策をするのではなく、従業員満足度を向上させるための柔軟な勤務形態や新しい評価制度の導入を検討するのも 1 つの方法です。

③ 　チーム全体で取り組む

　問題解決には、経営者だけでなく、現場の従業員も巻き込むことが不可欠です。従業員が主体的に意見を出し合い、自ら解決策の一部を担うことで、問題解決のプロセスそのものがチームビルディングの機会になります。全員参加型のワークショップや意見交換会を開催することで、組織全体の結束力を高めることができます。

## ピンチをチャンスに変える鍵

　ピンチをチャンスに変えるために最も大切なのは、問題をただの「危機的状況」として恐れるのではなく、それを「成長の糧」として捉えるマインドセットです。そして、そのマインドセットを行動に結びつけるリーダーシップと組織の文化が必要です。

　自由な意見交換を許容し、従業員 1 人ひとりが問題解決に参加できる環境を整えることが、組織全体の力を引き出す原動力となります。

　挑戦を恐れず柔軟に変化を受け入れる姿勢が未来を切り拓く鍵となります。

209

# 10 「できない」を「できるかも?」へ変化させる

## 視点を変えることで見える解決策

　労使トラブルのサポートを依頼される場面では、多くの場合、事態がすでに深刻化していることがほとんどです。私が経験したケースの中には、パワハラの問題が長期間放置され、ついに従業員全員が「会社が適切に対応してくれなければ辞めます」と訴えるまで追い詰められた例もありました。こうした「八方塞がり」に見える状況では、「本当にこの問題を解決できるのだろうか」と不安に駆られることがあります。

　しかし、「解決できない」と諦めてしまえば、問題はさらに悪化し、組織そのものが存続の危機に陥る可能性もあります。そのため、私はどんな状況でも「どうしたら解決できるだろうか?」と考え続ける姿勢を大切にしています。この姿勢は、労使トラブルだけでなく、あらゆる問題解決において不可欠なポイントだと感じています。

　解決策を見つけるポイントは、視点を変えることです。一見行き詰まっているように見える問題でも、異なる視点から眺めることで、思わぬ糸口が見えてくることがあります。たとえば、パワハラが問題となっている場合、当事者間の対話だけでなく、職場全体の風土や文化に目を向けることが効果的です。

　曖昧なルールや不十分なコミュニケーションが問題の根本原因であることも多く、それらを見直すことで、パワハラを未然に防ぐ仕組みづくりが可能になります。

## 他者の力を借りる勇気

　解決が困難に見える場合、他の専門家の力を借りることも重要な

210

第 7 章　労使トラブルを成長のチャンスに変える

選択肢です。弁護士やメンタルヘルスの専門家などと連携することで、法的または心理的な視点から問題解決の道筋を見出すことができます。

　私自身、社会保険労務士として「すべてを自分で解決しなければならない」と思い込んでいた時期がありました。しかし、経験を重ねる中で、「他者の力を借りることは、自分の無力さを示すのではなく、解決の選択肢を広げることだ」と気づきました。専門家同士が連携し、それぞれの強みを活かすことで、よりスムーズかつ効果的な解決が可能になります。

　とはいえ、社会保険労務士として関与できる範囲には限界があります。特に、法的紛争や裁判が絡む場合は弁護士に依頼することが必要です。また、心理的な問題が背景にある場合には、カウンセラーやメンタルヘルスの専門家の協力を得ることで、当事者の心情を深く理解し、問題の根本にアプローチできます。

　専門家同士の連携は、解決の幅を広げるだけでなく、より効果的な結果をもたらす重要な手段です。

## 「できない」ではなく「できるかもしれない」と信じる

　最も重要なのは、「できない」と思い込まないことです。一見して解決が難しい問題でも、「できるかもしれない」と信じて行動することで、状況は少しずつ変わり始めます。重要なのは、小さな行動を積み重ねることです。１つひとつの変化は微小かもしれませんが、それらが積み重なることで大きな前進につながります。

　また、自分の力だけでは難しい場合には、他者と協力する柔軟性を持つことも必要です。問題解決のプロセスにおいては、完璧を目指すのではなく、最善を尽くす姿勢が大切です。その積み重ねが、信頼を築き、困難な状況を打開する力となります。

211

**挑戦し続けることの重要性**

　労使トラブルの根本解決は、決して楽な道のりではありません。しかし、だからこそ、そこには大きな学びが詰まっています。人は本能的に、困難な道よりも楽な道を選びたくなるものです。しかし、実は困難な道こそが、自分自身を成長させ、貴重な気づきを与えてくれるのです。

　私自身、ギャンブル依存症からの回復の過程で、何よりも「人と向き合うこと」から逃げてきました。苦しいことがあると、その現実から目をそらし、ギャンブルをやりたくなる衝動に駆られることもありました。しかし、依存から抜け出すためには、その現実から逃げるのではなく、嫌な出来事にも正面から向き合い、人と向き合い、挑戦を続けることが必要でした。その積み重ねによって、私は回復し続け、新たな世界へとつながることができたのです。

　問題に直面したとき、「もう限界だ」と諦めるのは簡単です。しかし、本当に状況を変えられるのは、挑戦をやめなかった人だけです。解決策を模索し続け、柔軟に対応し、小さな一歩を積み重ねることで、「できるかもしれない」が「できた」に変わる瞬間が訪れます。

　一歩を踏み出し続けること——それこそが、どんな困難をも乗り越える最大の力になるのです。

## あとがき

　本書を最後までお読みいただき、心より感謝申し上げます。

　執筆を通じて改めて感じたことがあります。それは、「経営者と従業員がもっと信頼し合い、共に成長できる職場をつくることはできないか？」という思いです。本来、同じ目標を共有するはずの両者が、時に誤解や摩擦によって対立し、労使トラブルに発展してしまう。この現実に向き合う中で、私は、こうしたトラブルの多くはコミュニケーション不足や、お互いを思いやる余裕の欠如から生まれるのだと強く感じています。

　そのため、今後ますます労使トラブルは増えていくと考えています。その背景には、経営者側が従業員に対して十分な情報を共有せず、本来オープンにすべきことをクローズにしている現状があります。経営の透明性が欠けると、従業員の不安や不信感が募り、結果として労使の対立が生じやすくなります。

　しかし、問題が発生したときこそ、組織を変革し、よりよくする大きなチャンスでもあります。

　これまで関わった企業の中には、深刻な問題を乗り越えることで、職場環境や企業文化が劇的に改善され、成長を遂げた例がたくさんあります。本書では、そうした実際の経験を踏まえ、具体的な解決のヒントを盛り込むことで、職場の悩みを解消する道筋をお示ししました。

　また、私自身の人生を振り返ると、ギャンブル依存症やそれに伴う数々の苦難を乗り越えた経験が、自分を大きく成長させてくれたことに気づかされます。本書に込めたのは、私が直面した試練から得た教訓と、それを生かした労使トラブル根本解決の方法です。

　もちろん、どんな問題にも「完璧な正解」はありません。それで

も、問題から目をそらさず、原因に向き合い、一歩一歩前進することが大切です。そして、経営者と従業員が互いに理解し合い、信頼を築くことで、必ずや道は開けます。本書が、職場をよりよい環境にするためのきっかけとなれば、これ以上の喜びはありません。

本書を完成させるにあたり、家族やギャンブル依存症の回復を共に目指してきた仲間たちに、心から感謝申し上げます。彼らの支えがなければ、私自身の人生の再出発も、この本を書くことも不可能でした。また、セルバ出版の皆さまには、執筆に際して貴重なご助言をいただき、深く感謝申し上げます。

本書が、皆さまの職場での悩み解決や、信頼と成長に満ちた環境づくりの一助となることを願っています。そして、本書で得た気づきを日々の実践に生かし、新たな成果が生まれた際には、ぜひお知らせください。それが、私にとって次の一歩を進むための大きな励みとなります。

最後に、すべての経営者、人事担当者、そして職場の皆さまに心からエールを送ります。困難な状況に直面したときこそ、新たな可能性が広がる瞬間です。一緒に、明るく前向きな職場を築いていきましょう。

本書を手に取っていただき、ありがとうございました。

中野　和信

## 【読者限定プレゼント】

「労使トラブルを根本解決したいと思ったら読む本」をご購入いただきありがとうございました。

1. 労使トラブルゼロにする社内ルールブックの雛形（PDF　P28ページ）
2. これで安心！職場のハラスメント防止14のチェックリスト（PDF）
3. 労使トラブルの3つの根本原因を詳細解説（セミナー講義動画15分）
4. これだけは知っておきたい就業規則の3つの重点ポイントを解説(セミナー講義動画30分)
5. 書籍経由限定「無料個別相談」

（中野和信が1対1であなたの労使トラブル相談に乗り、必要なアドバイスをいたします）

メール登録すると、読者限定プレゼントが届きます。
※本購入プレゼントは予告なく、終了することがあります。

二次元コードが読めない方はこちらのURLからどうぞ
https://39auto.biz/romukanri/registp/entryform2.htm

## 著者略歴

### 中野 和信（なかの かずのぶ）

1969 年生まれ　福井県出身。
中野社会保険労務士事務所 代表
特定社会保険労務士、キャリアコンサルタント
ASK 依存症予防教育アドバイザー

大学受験にすべて失敗し、東京へお笑い芸人を目指し上京。
しかし、お笑いよりもギャンブルにのめり込み、パチンコや競馬で借金を重ねてしまう。
最終的に家賃も滞納し、生きていくことさえ困難な状況に追い込まれる。
絶望の中、親に借金を肩代わりしてもらい、地元福井へ戻り仕事をするも、ギャンブルはやめられず、結婚後もその影響で家庭は離婚寸前の状態になり、15 年間で 3000 万円以上ギャンブルにハマる。そんな中、転機となったのが、偶然出会った『ギャンブル依存症』（田辺等・著 /NHK 出版）という本。この本との出会いをきっかけに、自分の問題を正面から向き合う決意をし、ギャンブルからの脱却を果たす。以来、親の仕事を引き継ぎ社会保険労務士事務所の代表として 25 年以上のキャリアを積み、これまで 1000 社以上の人事労務相談を受ける中で、どうしても問題を起こしてしまう労働者側の立場を理解しながらも、経営者側の理解もある両方の視点に立った労使トラブルの根本解決法を考案。労働基準監督署の是正勧告・調査を乗り越えさせている。現在は解決するだけでなく、再発防止の労使研修を行い、これまで研修講師として 500 回以上行っており、受講生が変わっていく姿を見るのが喜びとなっている。信念は「人は変われる」。

## 労使トラブルを根本解決したいと思ったら読む本
### 労働基準監督署の是正勧告・調査を乗り越える

2025 年 3 月 19 日　初版発行

著　者　　中野　和信　©Kazunobu Nakano

発行人　　森　忠順

発行所　　株式会社 セルバ出版
　　　　　〒 113-0034
　　　　　東京都文京区湯島 1 丁目 12 番 6 号 高関ビル 5 B
　　　　　☎ 03（5812）1178　　FAX 03（5812）1188
　　　　　https://seluba.co.jp/

発　売　　株式会社 三省堂書店／創英社
　　　　　〒 101-0051
　　　　　東京都千代田区神田神保町 1 丁目 1 番地
　　　　　☎ 03（3291）2295　　FAX 03（3292）7687

印刷・製本　株式会社 丸井工文社

●乱丁・落丁の場合はお取り替えいたします。著作権法により無断転載、複製は禁止されています。
●本書の内容に関する質問は FAX でお願いします。

Printed in JAPAN
ISBN978-4-86367-948-1